Guía para el docente y solucionarios

# Promoción para la igualdad efectiva de mujeres y hombres

ic editorial

Editado por: IC Editorial
c/ Cueva de Viera, 2, Local 3
Centro Negocios CADI
29200 Antequera (Málaga)
Teléfono: 952 70 60 04
Fax: 952 84 55 03
Correo electrónico: iceditorial@iceditorial.com
Internet: www.iceditorial.com

**Guía para el docente y solucionarios:**
**Promoción para la igualdad efectiva de mujeres y hombres**

1ª Edición

ISBN: 978-84-1184-613-4
Depósito Legal: MA 230-2025

Impresión: PODiPrint
Impreso en Andalucía - España

# Índice

Bloque 1
## Guía para el docente: técnicas de enseñanza y aprendizaje

1. Introducción                                                                    7
2. El programa de formación                                                        7
3. Factores determinantes de la efectividad de la comunicación
   en el proceso de enseñanza-aprendizaje                                         10
4. La comunicación verbal y no verbal en el proceso instructivo                  12
5. Técnicas de secuenciación de contenidos                                       20
6. La selección y planificación de estrategias didácticas                        21
7. La selección y planificación de medios y recursos didácticos                  22
8. La planificación de la evaluación del proceso de enseñanza-aprendizaje         24
9. El seguimiento formativo                                                       25
10. Instrumentos para el seguimiento                                             27
11. Metodología de la evaluación del diseño de formación                         30


Bloque 2
## Solucionarios de ejercicios de repaso y autoevaluación

Solucionario 1
## Aplicación de conceptos básicos de la teoría de género y del lenguaje no sexista
47

Solucionario 2
## Procesos de comunicación con perspectiva de género en el entorno de intervención
75

Solucionario 3
## Procesos de participación de mujeres y hombres y creación de redes para el impulso de la igualdad
89

Solucionario 4
**Análisis del entorno laboral y gestión de relaciones laborales
desde la perspectiva de género** 107

Solucionario 5
**Análisis y actuaciones en diferentes contextos de intervención
(salud y sexualidad, educación, ocio, deporte, conciliación de la
vida personal, familiar y laboral, movilidad y urbanismo y gestión
de tiempos)** 121

Solucionario 6
**Análisis y detección de la violencia de género y los procesos de
atención a mujeres en situaciones de violencia** 139

# Guía para el docente: técnicas de enseñanza y aprendizaje

# Contenido

1. Introducción
2. El programa de formación
3. Factores determinantes de la efectividad de la comunicación en el proceso de enseñanza-aprendizaje
4. La comunicación verbal y no verbal en el proceso instructivo
5. Técnicas de secuenciación de contenidos
6. La selección y planificación de estrategias didácticas
7. La selección y planificación de medios y recursos didácticos
8. La planificación de la evaluación del proceso de enseñanza-aprendizaje
9. El seguimiento formativo
10. Instrumentos para el seguimiento
11. Metodología de la evaluación del diseño de formación

# 1. Introducción

El presente capítulo está destinado a ofrecer al cuerpo docente responsable de la enseñanza del programa de cualificaciones profesionales y certificados de profesionalidad, una guía metodológica para obtener el máximo rendimiento de los contenidos formativos que han sido desarrollados para el presente título.

La mejora de las habilidades comunicativas y la aplicación de una metodología contrastada de enseñanza, aprendizaje y evaluación permitirá transmitir el conocimiento y adquirir el programa formativo de la forma más efectiva y práctica posible.

Estudiaremos cuáles son los principales elementos que forman parte de la comunicación profesor-alumno, a través de una cuidada selección de sistemas de planificación de estrategias didácticas, así como la utilización de medios y recursos didácticos.

La integración de todas las actividades planificadas alrededor de un plan de formación adaptado e individualizado, aumentará además la satisfacción del alumnado por la utilización de un sistema no lineal e interactivo que se retroalimenta gracias a la relación establecida entre la propia metodología y los actores que forman parte de la enseñanza.

# 2. El programa de formación

Una de las claves del éxito de la mayoría de las actividades que se realizan en general, y concretamente en la formación, es la **programación.** Es necesaria la programación de las acciones formativas, para que así se pueda alcanzar el objetivo final, es decir, que el alumno obtenga una buena capacitación y adquiera nuevos conocimientos en su repertorio y que, después, sea capaz de emplearlos en su trabajo.

## 2.1. Definición de programación

Cuando se habla de **programación,** se pueden encontrar multitud de definiciones. Para sintetizar, se podría definir como la actividad de enunciar lo que se quiere hacer (objetivos, contenidos, métodos, temporalización, medios y recursos didácticos y evaluación).

 Definición

**Programación**
Es un plan donde se establecen las acciones que se van a realizar en un proceso de enseñanza-aprendizaje, por medio de un formador o un equipo.

A continuación, se va a describir una serie de características que tiene que tener una programación didáctica:

- Dinámica. Una programación no es estática ni está acabada, siempre está en constante revisión, de ahí su dinamismo. Además va cambiando o evolucionando según los resultados de la evaluación continua que se va realizando durante la ejecución de la acción.
- Flexible. Esta característica permite que se puedan hacer cambios, ampliaciones, reducciones y actualizaciones de los contenidos y actividades programadas, según las necesidades que se observen.
- Creativa. La programación como es un diseño propio y exclusivo, exige creatividad y originalidad. El docente es el que decide sobre el quehacer en el aula teniendo en cuenta las características del grupo, las necesidades que se pretenden satisfacer y las propias posibilidades.
- Prospectiva. La programación consiste en hacer un pronóstico de la interacción que se va a producir en el aula.

- **Sistemática.** La programación es un proceso sistematizador que da coherencia a la acción formativa, ya que tiene en cuenta todos los elementos (objetivos, contenidos, métodos, temporalización, medios y recursos pedagógicos y evaluación) que intervienen en el acto educativo y analiza sus relaciones.
- **Integradora.** Permite integrar elementos de cualificación técnico-profesionales con elementos de cualificación personal de alumnado.
- **Funcional.** Toda programación debe basarse en el perfil profesional de la ocupación y estructurar los contenidos formativos que proporcionan las competencias de ésta.

## 2.2. Elementos de la programación

Antes de empezar cualquier programación formativa, es necesario tener en cuenta los datos obtenidos del análisis de la ocupación y del grupo al que se dirige la acción formativa. A partir de esta información, se determinan los elementos que van a conformar la programación.

Cuando se realiza la programación de un curso, hay que plantearse previamente las siguientes preguntas:

| | |
|---|---|
| 1. ¿Qué quiero conseguir con la formación? | **OBJETIVOS** |
| 2. ¿Qué conocimientos deben asimilar los alumnos para alcanzar los objetivos propuestos? | **CONTENIDOS DEL CURSO** |
| 3. ¿Cómo trabajamos en el aula? ¿Qué actividades son las que realizamos? | **MÉTODOS DE ENSEÑANZA** |
| 4. ¿Cuánto tiempo tengo y cuánto dedico a cada módulo? | **TEMPORALIZACIÓN** |
| 5. ¿Qué medios y recursos didácticos se necesitan para poder llevar a cabo esas actividades? | **MEDIOS Y RECURSOS DIDÁCTICOS** |
| 6. ¿Cómo sabemos que se ha producido el aprendizaje? | **EVALUACIÓN** |

## 3. Factores determinantes de la efectividad de la comunicación en el proceso de enseñanza-aprendizaje

En toda comunicación que se produzca en el proceso de enseñanza-aprendizaje, existen factores determinantes que obstaculizan o refuerzan este proceso.

### 3.1. Obstáculos de la comunicación

**Relacionados con el emisor**

- No expresar de forma clara qué mensaje se quiere transmitir.
- Comentar algo a lo largo de la explicación que no sea lo correcto y pueda resultar desagradable.
- Cambiar el tema de conversación.
- Desviarse del tema que se está tratando.
- No mirar al receptor cuando se quiere expresar algo.
- No estar atento a las señales que emite el receptor.
- Expresar alguna idea a través de los gestos que no se corresponda con la idea a comunicar.

**Relacionados con el receptor**

- No comprender las ideas que quiere expresar el emisor.
- No pedir explicación al emisor de aquella información que no le haya quedado clara.
- Interrumpir al emisor cuando está hablando.
- Captar algo diferente a lo que el emisor desea transmitir.

**Relacionados con el mensaje**

- Mensaje confuso.
- Mensaje muy corto.
- Mensaje muy extenso.
- Abuso de muletillas.
- Utilización de frases sin terminar.
- Dar "rodeos" para decir la idea principal.

### Relacionados con el contexto

- No ser el momento adecuado para transmitir algo.
- No saber escoger el lugar oportuno.
- La presencia de ruidos y de interferencias.
- No pensar en las personas que están cerca.

### Relacionados con el código

- No utilizar el mismo código que la persona con la que se habla o a la que se escucha.
- No adaptar el vocabulario a la situación o a la persona con la que se conversa.
- Utilizar el doble sentido.

## 3.2. Sugerencias para el mejor funcionamiento de la comunicación

### Emisor

- Acostumbrarse a planificar la comunicación.
- Concretar visiblemente los objetivos.
- Buscar la retroalimentación en la comunicación.
- No tratar de impresionar al receptor.

### Mensaje

- Que sea claramente entendido por el receptor.
- Que la terminología usada sea de referencia común.
- Que reclame la atención y el interés del alumnado.
- Que sea sencillo de interpretar.
- Que su contenido sea adecuado y convincente.
- Que produzca el máximo efecto posible.

**Canal**

- Que sea el más apropiado al grupo al que se dirige, al contenido del mensaje y al objetivo que persigue el formador.
- Que sea el que cause mayor impacto en el receptor.
- Que sea el más eficaz.
- Que sea el que mejor domine el formador.

# 4. La comunicación verbal y no verbal en el proceso instructivo

Los medios de comunicación pueden agruparse en dos grandes bloques: los **medios verbales,** que son aquellos que usan la lengua como código compartido; y los **medios no verbales,** que son los que se fundamentan en otros códigos simbólicos. A su vez, dentro de los medios verbales, están el medio escrito y el medio oral.

Cada uno de estos medios tiene sus ventajas y sus inconvenientes, por lo que la selección del medio deberá tener en cuenta las circunstancias y características que en cada caso presenta el comunicador, la audiencia y el mensaje que se ha de transmitir.

## 4.1. Los medios verbales

### La comunicación verbal

La comunicación verbal se utiliza para comunicar ideas o dar información, opiniones, expresar o describir sentimientos, etc. Sirve de vehículo a los contenidos explícitos del mensaje. Para garantizar la efectividad de la comunicación, es necesario que el mensaje se presente de forma descriptiva y operativa, pero siempre teniendo muy en cuenta el código común del grupo al que va dirigida esta comunicación.

Un uso correcto del lenguaje oral ayuda a acercarse más a los alumnos. Los principales aspectos a considerar son los que aparecen a continuación.

### Construcciones gramaticales

El objetivo será transmitir el mensaje de la manera más clara posible. Se deben evitar los giros rebuscados, la sintaxis complicada y las metáforas. En las explicaciones y conversaciones debe primar el contenido sobre la forma.

### Vocabulario

Es importante saber qué palabras van a expresar mejor los conceptos que se desean transmitir y las que pueden ser comprendidas mejor por los alumnos. El análisis previo de los alumnos ayuda a saber qué términos técnicos se pueden utilizar sin problemas, cuáles se tienen que explicar y cuáles se deben evitar.

En general, siempre hay que mantenerse dentro de un lenguaje formal, evitando los vocablos demasiado coloquiales, las palabras extranjeras, las referencias académicas y expresiones de carácter religioso, político, deportivo o cultural, que pueden resultar agresivas para los alumnos.

### Ejemplos

Los conceptos abstractos que pueden aparecer y que dificultan la adquisición de los contenidos, tienen que ser expresados mediante las explicaciones del formador, siempre apoyándose en la visualización.

## La comunicación escrita

La comunicación escrita posee un carácter más veraz que la oral. La interacción que tiene lugar entre el emisor y el receptor no es inmediata, en algunas ocasiones no llega a producirse jamás. Este tipo de comunicación ofrece más oportunidades expresivas y mayor complejidad gramatical, sintáctica y léxica. También hay que tener en cuenta que a veces dificulta la expresión y/o puede no proporcionar *feedback* de manera inmediata.

## 4.2. Los medios no verbales

Al igual que las palabras, los elementos de la comunicación no verbal son signos que representan una idea (se excluyen todos los signos lingüísticos).

A diferencia de la comunicación verbal, su función no se centra sólo en la transmisión de contenido, sino que traspasa esa frontera para expresar también las emociones del emisor, controlar la interacción y proporcionar *feedback* del efecto que el mensaje produce en el receptor. Todas estas funciones son muy útiles para el formador, tanto en su tarea de transmisor de conocimientos como en la tarea de motivar y dirigir al grupo.

A continuación, se detallan las diferentes categorías en las que se agrupan los elementos de la comunicación no verbal.

### Kinesia

#### *Posturas*

Una de las primeras cosas que el formador debe transmitir a sus alumnos es confianza y seguridad, lo que puede conseguirse a través de una postura erguida (sin llegar a ser arrogante), de pie, apoyándose sobre los dos pies y manteniendo la cabeza alta.

Esta postura es útil, especialmente durante la presentación del curso, porque ayuda a relajar el cuerpo, a facilitar la respiración y a controlar las muestras de nerviosismo, al tener un buen apoyo en el suelo.

A medida que avanza el curso, se pueden adoptar otras posturas que faciliten el descanso (apoyarse), el acercamiento (echar el cuerpo hacia delante) o que resten protagonismo (sentarse).

#### *Gestos*

Los gestos son un buen aliado del formador, excepto cuando éste se siente incómodo o nervioso. Gestos de carácter adaptador, como rascarse o colocarse la ropa, pueden delatar su estado emocional.

La mayoría de los gestos cumplen la función de reforzar el mensaje verbal (ilustradores), aunque existen otros cuya función es regular las intervenciones cuando se dirige una discusión de grupo.

### Expresiones faciales

Las expresiones de la cara transmiten las emociones y permiten obtener fácilmente una respuesta del alumno.

Una expresión facial agradable, como una sonrisa no forzada, facilita la creación de un ambiente relajado en el aula. Una sonrisa puede ser muy útil también para romper la tensión que inevitablemente surge en algunas sesiones.

### Mirada

La mirada, junto con la postura, es uno de los mejores métodos para transmitir confianza (en momentos de nerviosismo se tiende a apartar la vista) y para captar la atención de los alumnos.

Mientras el formador habla debe mantener la mirada sobre los alumnos la mayor parte del tiempo, mirándolos el tiempo suficiente como para que se sientan atendidos pero no incómodos. También se puede utilizar la mirada durante las discusiones de grupo, con una función reguladora de las distintas intervenciones.

### Desplazamientos

Realizar desplazamientos en el aula capta la atención del alumnado, además de facilitar el contacto visual. Hay que procurar que no sean repetitivos o bruscos (pasear cerca de los alumnos), y cambiar de un recurso a otro (ir de la pizarra al retroproyector), etc.

## Recuerde

Los recursos no verbales que estudia la Kinesia son:

▪ Posturas.
▪ Gestos.
▪ Expresiones faciales.
▪ Mirada.
▪ Desplazamientos.

Estos recursos pueden utilizarse tanto para reforzar lo que se expresa mediante la comunicación verbal como para sustituirlo.

## Proxémica

El aspecto de la proxémica que más interesa es la proximidad física entre los individuos, ya que los alumnos pueden sentirse violentos si el formador se aproxima excesivamente a ellos o, por el contrario, verle distante si no se acerca.

Se debe prestar atención a este aspecto, tanto durante las intervenciones como al distribuir el espacio del aula que se va a emplear, evitando siempre que los asientos estén demasiado juntos o demasiado separados.

## Paralingüística

Para captar la atención del público, los oradores suelen hacer uso de determinados aspectos como el tono de voz o las pausas, que en algunos casos pueden parecer exagerados.

El formador, aunque emplee el método de la lección magistral, no es un orador y, por tanto, no debe prestar especial atención a estos aspectos, excepto cuando le plantean algún problema, debido a la ansiedad, al cansancio o a un mal estado de salud. Practicar en voz alta y realizar grabaciones durante la fase de preparación puede ayudar a vencer estas dificultades.

### Volumen

Aunque el aula sea pequeña, se tiene que realizar el esfuerzo de hablar lo suficientemente alto para que todos los alumnos oigan las explicaciones y, a la vez, transmitir confianza. En general, el volumen se ajustará instintivamente cuando se compruebe dónde se sitúa la persona que se encuentra más alejada.

### Entonación

El problema más frecuente, especialmente si se está cansado, es la monotonía, que no contribuye a captar la atención ni a motivar a los alumnos.

El interés que el formador muestre por el tema y una correcta preparación le hará destacar los puntos clave y jugar con la entonación de una forma adecuada a lo largo de toda la exposición.

### Pronunciación

Los problemas se presentan especialmente cuando se está nervioso o se habla demasiado rápido. Se debe hacer un esfuerzo por articular todas las palabras de manera limpia y clara, abriendo la boca lo suficiente para pronunciar correctamente las sílabas, consonantes y vocales.

### Velocidad

Una velocidad correcta puede ayudar a resolver problemas de pronunciación y de entonación. Se debe hablar a una velocidad normal o algo superior, para facilitar el mantenimiento de la atención. No obstante, si se está nervioso, se puede hablar con mayor lentitud para facilitar la respiración y relajarse. También se debe reducir la velocidad cuando se expliquen conceptos técnicos complejos o cuando se espere alguna respuesta por parte de los alumnos.

## Recuerde

Los elementos que trata la Paralingüística son:

- El volumen.
- La entonación.
- La pronunciación.
- La velocidad.

## Proyección física

Existen determinados factores que, sin que la persona diga ni haga nada, transmiten información y hacen referencia a la imagen física que esta persona proyecta.

Es fundamental que el formador transmita una imagen positiva para los alumnos. Se debe cuidar el aspecto externo y los artefactos que se usen, como los adornos y prendas de vestir. La manera adecuada de vestir depende de la situación y siempre debe estar en consonancia con lo que cada colectivo de alumnos espera del formador.

## Ejemplo

Sería negativo vestir pieles para impartir un curso cuyo objetivo fuese desarrollar actitudes positivas hacia la protección del medio ambiente.

En cualquier caso, se debe llevar ropa que resulte cómoda, bien cuidada y no demasiado llamativa. A los adornos y al peinado se aplican las mismas reglas que al vestido.

## Importante

Un objetivo fundamental del formador es dirigir la atención de los alumnos hacia el contenido que está desarrollando, nunca hacia su persona.

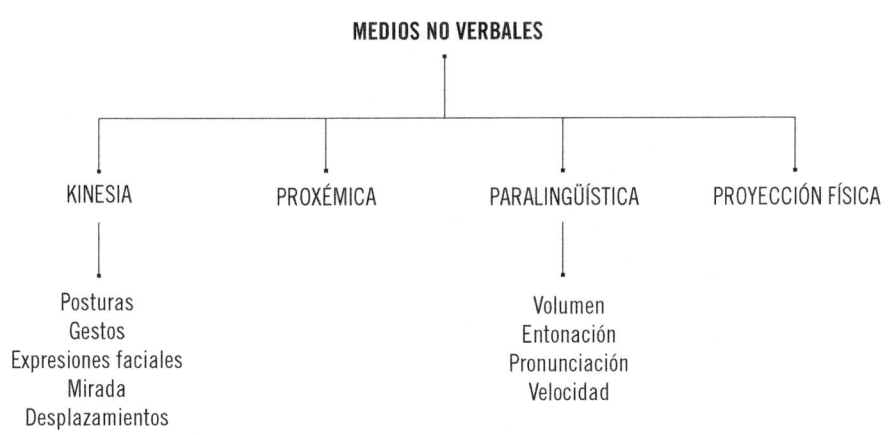

Finalmente, conviene recordar que si el formador observa atentamente la comunicación no verbal que expresan los alumnos, obtendrá una gran cantidad de información.

Hay numerosos signos no verbales que puede mostrar el alumno:

- **Atención:** posturas del cuerpo (inclinado hacia delante, hacia atrás...).
- **Necesidad de hablar:** movimientos sutiles de la boca, de la mano, etc.
- **Irritación:** movimiento de pies, manipulación de objetos sobre la mesa, etc.

- **Concentración:** tomar apuntes, mirar al docente, etc.
- **Cansancio:** cuerpo hundido, suspiros, etc.
- **Inercia:** silencios de todo el grupo, etc.
- **Desinterés:** cerrar el cuaderno, bostezar, mirar al vacío, etc.
- **Sorpresa:** levantar los brazos, abrir la boca, levantar las cejas, abrir los ojos, etc.

Si se observan estos elementos de forma atenta, se podrá obtener información sobre la comprensión del mensaje y el estado emocional de los alumnos, lo que será de gran utilidad para el formador durante el curso.

*La comunicación no verbal aporta información al formador sobre los alumnos*

## 5. Técnicas de secuenciación de contenidos

Una vez seleccionados los contenidos, hay que ordenarlos secuencialmente. La **secuenciación y estructuración de los contenidos** es el proceso que permite situarlos en una configuración que produce el máximo aprendizaje en el mínimo tiempo posible.

Algunas de las técnicas para la secuenciación de contenidos son las siguientes:

- Que los contenidos estén de acuerdo con los objetivos propuestos y con los plazos previstos para conseguirlos.

- Empezar por los contenidos más próximos y significativos para el alumno, para llegar poco a poco a lo desconocido. De esta manera, resultará más fácil introducir los nuevos contenidos.
- Ir de lo inmediato a lo remoto.
- Ir de lo concreto a lo abstracto.
- Ir de lo más fácil a lo más difícil. Esto motiva al alumnado porque le va mostrando los avances de manera rápida.

Las principales ventajas que este proceso conlleva son:

- Ayuda al participante a pasar de un conocimiento o habilidad a otro.
- Garantiza que los conocimientos y habilidades previas son alcanzados antes de introducir elementos nuevos.
- Reduce el tiempo de formación.
- Evita la confusión y los fallos en el participante.

Estos puntos son los principales aspectos a tener en cuenta cuando se realiza la presente fase de la programación de la formación, es decir, cuando se fijan los contenidos de la formación.

# 6. La selección y planificación de estrategias didácticas

Las personas que realizan un curso de formación son diversas, por ello es muy importante que las estrategias didácticas se adapten, de la mejor forma posible, al contexto y permitan una flexibilidad.

 Definición

**Estrategias didácticas**
Son procedimientos que el formador emplea para facilitar el aprendizaje, con la intención de que éste sea significativo.

Tras la selección y estructuración de contenidos, llega el momento de decidir la modalidad de formación a seguir y la metodología a utilizar en su impartición. Pero esta decisión no se puede tomar arbitrariamente, sino que ha de basarse en unos criterios. Los criterios de decisión básicos para determinar qué estrategia y qué método de formación es el adecuado, son:

- La compatibilidad con los objetivos.
- Los principios generales del aprendizaje del adulto: individualización, motivación, utilidad, practicidad, intereses, etc.
- Los principios de rigor, realismo y participación.
- El carácter eminentemente aplicativo de los aprendizajes.
- La posibilidad de transferir los aprendizajes al puesto de trabajo.
- Los recursos disponibles, incluido el tiempo.
- Los factores relacionados con los participantes, como el estilo de aprendizaje, la edad, el tamaño del grupo, la motivación, etc.

Una vez escogido el método, se observa que ninguno es químicamente puro, sino que unos participan de otros. Por lo demás, todo método puede ser adecuado o inadecuado dependiendo del modo en que sea empleado.

Los formadores deben utilizar los métodos flexiblemente, de la forma que mejor se adapten al estilo de formación, a la materia y a los alumnos, complementando cada método con la técnica y recurso didáctico más acorde.

## 7. La selección y planificación de medios y recursos didácticos

Para realizar cualquier acción formativa, hace falta algo más que elegir y aplicar unos métodos y unas técnicas. Son necesarios los medios y recursos didácticos, que van a ayudar a desarrollar la metodología seleccionada en el aula. Los medios y recursos didácticos permiten el trasvase de información formador-alumno.

 **Definición**

**Medios didácticos**
Son materiales elaborados para facilitar los procesos de enseñanza-aprendizaje.

**Recursos didácticos**
Son soportes mediante los cuales se presentan los contenidos del curso a los alumnos.

A la hora de escoger el medio o recurso a utilizar, se deben tener en cuenta los siguientes criterios:

- **Características de la materia o tema.** Dependiendo de la naturaleza de los contenidos, éstos pueden ser transmitidos por unos u otros métodos.
- **Los objetivos del curso.** Toda selección de medios y estrategias de enseñanza deben realizarse en función de éstos.
- **La disposición del aula y el número de alumnos.** Hay que tener cuidado, sobre todo en la visibilidad de alguno de los recursos, porque pueden perder eficacia.
- **Tiempo disponible para la formación.** Este elemento tiene que estar siempre presente, porque, en función del tiempo que se tenga, se elegirá lo que se adapte mejor a las necesidades.
- **Recursos disponibles,** ya que en algunas ocasiones están a nuestro alcance.
- **El uso que se haga de ellos,** cuál es la finalidad, qué es lo que se pretende y en qué momento se van a utilizar.
- **El nivel de conocimiento de los alumnos** sobre el tema.

Todos estos puntos se han de tener en cuenta a la hora de escoger un medio o recurso didáctico. La finalidad de éstos no es otra que la de fundamentar, apoyar y reforzar el acto formativo.

## 8. La planificación de la evaluación del proceso de enseñanza-aprendizaje

La aplicación de programas de formación lleva a la obtención de unos determinados resultados. Éstos serán los frutos de la formación y mostrarán el grado de eficacia y eficiencia con que se lleva a cabo la función formativa.

Los resultados indican el éxito de la formación mediante su contraste con los objetivos fijados anteriormente. Este procedimiento recibe el nombre de **evaluación,** proceso ampliamente conocido y con trascendencia reconocida para la formación. Según el proceso de evaluación aplicado, los resultados obtenidos serán reales y fiables, o bien, falseados.

Para que los resultados de la evaluación muestren con certeza el grado de éxito alcanzado con la formación, es necesario un requisito previo: el establecimiento de criterios de evaluación durante el proceso de planificación de la formación. Los criterios actúan como puntos de referencia, a partir de los cuales se valoran los resultados obtenidos.

Los criterios de evaluación han de fijarse con mucha atención, ya que determinan el proceso de evaluación, y éste juzga el grado de éxito de la función formativa.

El primer aspecto a tener en cuenta es la validez: los criterios de evaluación han de ser válidos en relación a los elementos del proceso formativo.

Los aspectos que determinan el grado de validez de los criterios de evaluación son:

- La relevancia.
- La no deficiencia.
- La no contaminación.
- Su fiabilidad.

El establecimiento de criterios válidos y fiables permitirá elaborar un proceso de evaluación de la formación que mida rigurosamente la eficacia y la eficiencia de la función formativa.

## 9. El seguimiento formativo

El seguimiento es un proceso continuo que sirve para evaluar la eficacia del uso de los recursos y para saber qué iniciativas se pueden emprender para mejorar el aprovechamiento de los recursos formativos.

El seguimiento, además de realizarse después de haber finalizado la planificación formativa, también se realiza antes de la acción.

### 9.1. Características

El seguimiento formativo permite evaluar los distintos componentes (desde los alumnos hasta todos los elementos que forman la programación) que intervienen en él durante todo el proceso de formación.

El seguimiento formativo se diferencia de la evaluación en que éste tiene que ver más con tareas organizativas, de coordinación, administrativas, etc.; sin embargo, la evaluación valora aspectos de los procesos de formación, como pueden ser la comunicación, el aprendizaje de los nuevos conocimientos, etc.

Con la realización adecuada de un seguimiento formativo:

- Se pueden **descubrir errores o desajustes** en el proceso de enseñanza-aprendizaje antes de que se realice la evaluación final para comprobarlos.
- Se pueden **corregir los errores** en el momento en el que se están produciendo.
- Además, **se detectan los aspectos positivos** que tienen lugar a lo largo de todo el proceso y las **posibles mejoras** que se pueden realizar.

El seguimiento formativo tiene que ser realizado por todas las personas que están implicadas en la realización de los cursos de formación (tutores, coordinadores, técnicos, etc.), por ello, el formador es una figura importante en el proceso de formación, ya que se encuentra implicado en él.

El proceso de formación debe estar planificado, pensado y planteado antes de que empiece la acción de formación, nunca debe llevarse a cabo de manera cerrada, sino que tiene que estar abierto a cualquier cambio que se considere necesario.

## 9.2. Finalidad

Son varias las finalidades que persigue el seguimiento formativo:

- Ayudar a comprender por qué ocurren algunas cosas y qué se puede hacer para intervenir en ese proceso que se está llevando a cabo.
- Identificar y solucionar los problemas que surgen a lo largo del proceso.
- Contribuir para elaborar planes de formación de manera objetiva, sin desviarse de la finalidad éste.
- Colaborar en la disminución y control del uso de los recursos materiales.
- Determinar el nivel que puede alcanzar el rendimiento y relacionarlo con el rendimiento actual.
- Diagnosticar y detectar problemas para llevar a cabo las acciones correctivas pertinentes.

## 9.3. Planificación

El seguimiento formativo debe planificarse antes y durante la acción formativa.

El objetivo de este seguimiento es comprobar la eficacia de la acción formativa antes de que ésta llegue a su fin, es decir, es necesario que durante este proceso todos los elementos que van a formar parte del aprendizaje estén planificados.

Los dos momentos que hay que tener en cuenta para planificar el seguimiento formativo son:

- **Antes de la acción formativa:** es necesario conocer las necesidades, el perfil del alumno, qué materiales, instrumentos, recursos, medios didácticos se van a usar.

■ **Durante la acción formativa:** aquí el seguimiento se utiliza para comprobar los posibles errores y mejoras que se pueden llevar a cabo. Ofrece la posibilidad de poder modificar aquellas acciones o medios que dificultan el avance del aprendizaje.

## 10. Instrumentos para el seguimiento

A lo largo de un ciclo formativo pueden suceder errores y surgir problemas, esto abarca desde la identificación de necesidades hasta la planificación, el diseño, la implantación y la evaluación. Por todo esto, es importante saber cuál es la causa del problema y saber tomar las medidas oportunas para que no se origine nuevamente.

Para detectar el origen del problema, siempre se necesita una información determinada, ésta sólo se puede obtener mediante técnicas que ayuden a obtenerlas, es decir, que permitan recabar y analizar los datos obtenidos.

Para el seguimiento del proceso de enseñanza-aprendizaje, se pueden confeccionar diferentes tipos de instrumentos de evaluación, como pueden ser los cuestionarios y utilizar la observación directa, etc., si el tipo de formación lo permite (presencial o semipresencial). Estos instrumentos variarán según el tipo de datos que se quiera conseguir.

Un ejemplo de plantilla para recoger y analizar la información podría ser esta:

| CURSO: | | 1º Módulo | 2º Módulo | 3ºMódulo |
|---|---|---|---|---|
| | Suficiente | | | |
| Objetivos del módulo | Insuficiente | | | |
| | Adecuado | | | |
| | Inadecuado | | | |

Continúa en página siguiente >>

<< Viene de página anterior

| CURSO: | | 1º Módulo | 2º Módulo | 3ºMódulo |
|---|---|---|---|---|
| Contenidos del módulo | Suficiente | | | |
| | Insuficiente | | | |
| | Adecuado | | | |
| | Inadecuado | | | |
| Metodología | Suficiente | | | |
| | Insuficiente | | | |
| | Adecuado | | | |
| | Inadecuado | | | |
| Actividades y recursos | Suficiente | | | |
| | Insuficiente | | | |
| | Adecuado | | | |
| | Inadecuado | | | |
| Recursos materiales | Suficiente | | | |
| | Insuficiente | | | |
| | Adecuado | | | |
| | Inadecuado | | | |
| Recursos humanos | Suficiente | | | |
| | Insuficiente | | | |
| | Adecuado | | | |
| | Inadecuado | | | |
| Proceso de evaluación | Suficiente | | | |
| | Insuficiente | | | |
| | Adecuado | | | |
| | Inadecuado | | | |
| Nivel de satisfacción del alumnado | Suficiente | | | |
| | Insuficiente | | | |
| | Adecuado | | | |
| | Inadecuado | | | |

Para el seguimiento del aprendizaje, como la información que se obtiene es de diferente índole, se recogerá mediante la aplicación de las técnicas seleccionadas y elaboradas para la evaluación de cada uno de los aspectos planteados (observación directa de los trabajos, participación, cuestionarios acerca de la motivación y satisfacción del alumnado, etc.).

Por ejemplo, los contenidos que se podrían incluir en la "parrilla" de análisis son los siguientes:

| CURSO | | 1er Módulo | 2º Módulo | 3er Módulo |
|---|---|---|---|---|
| **Conceptos** (comprende los contenidos conceptuales) | Con facilidad | | | |
| | Con normalidad | | | |
| | Con dificultad | | | |
| **Procedimientos** (aplica y desarrolla los contenidos procedimentales) | Con facilidad | | | |
| | Con normalidad | | | |
| | Con dificultad | | | |
| **Actitudes** (manifiesta las actitudes adecuadas a los contenidos) | Con facilidad | | | |
| | Con normalidad | | | |
| | Con dificultad | | | |
| **Motivación y participación** | Con facilidad | | | |
| | Con normalidad | | | |
| | Con dificultad | | | |
| **Satisfacción del alumno** | Con facilidad | | | |
| | Con normalidad | | | |
| | Con dificultad | | | |

Dos de las herramientas básicas son:

- **Los diagramas de flujo:** éstos sirven para desglosar en forma de componentes, para presentar una clara imagen de lo que ocurre.
- **Los checklists:** éstos son especialmente útiles para garantizar que se han realizado todas las acciones necesarias. Es otro método de ayuda orientado a los formadores y participantes para preparar, utilizar y solucionar los problemas del equipamiento.

Otros métodos de seguimiento y control que pueden ayudar en la formación son:

- Las reuniones formales e informales.
- Pasar un informe de las sesiones, cuestionarios de satisfacción o formularios de evaluación del curso.
- Entrevistas de evaluación.

 **Recuerde**

Algunos de los instrumentos de seguimiento más utilizados son:

I Cuestionario de satisfacción
I Cuestionario de motivación
I Observación directa
I Reuniones formales e informales
I Entrevistas de evaluación

## 11. Metodología de la evaluación del diseño de formación

Los métodos empleados en la evaluación siempre suelen son los mismos, independientemente de que se evalúen los objetivos, los contenidos, los recursos, etc. A pesar de esto, hay que tener en cuenta que no se deben utilizar todos los métodos que se van a nombrar, sino que todo dependerá de lo que se esté evaluando.

Los métodos más frecuentes son:

- Observación sistemática.
- Observación mediante observadores externos o internos del grupo.
- Análisis de trabajo.
- Entrevistas personales.
- Situaciones de simulaciones.

- Diálogos, debates.
- Cuestionarios específicos.
- Inventarios.
- Grabaciones en vídeo.
- Etc.

## 11.1. Evaluación de los objetivos

Cuando se diseña el programa formativo, se deben concretar los objetivos que serán objeto de evaluación al finalizar el curso, para comprobar si éstos se han alcanzado o no.

Los objetivos marcan aquellos aspectos claves que debe adquirir el alumno para alcanzar unas competencias determinadas. Éstos determinarán lo que el alumno será capaz de saber y saber hacer al acabar el curso, en unas condiciones dadas y con unos medios determinados.

Si, al finalizar el curso, se observa que los objetivos no se han cumplido en su totalidad, hay que analizar cuál ha sido la causa de este error y corregirlos. Si se han cumplido los objetivos, habrá que determinar los motivos de éxito, para volver a ponerlos en práctica en futuros cursos.

Los objetivos marcados al inicio de la formación sirven para:

- Dirigir la formación, es decir, saber hacia dónde se quiere llegar con ésta.
- Comprobar qué se ha logrado.
- Facilitar la evaluación, ya que se sabe cuáles son los objetivos que hay que evaluar.
- Reorientar la formación en el mismo momento que se está realizando.
- Elegir los métodos más adecuados para la formación.

La evaluación de los objetivos debe medirse atendiendo a:

- **Objetivos generales:** son utilizados para saber cuáles son las competencias generales.
- **Objetivos específicos:** parten de los objetivos generales.

■ **Objetivos operativos:** son derivados de los específicos. Son objetivos más concretos y siempre deben estar relacionados con actividades u operaciones determinadas. Son los más fáciles de medir.

## Ejemplo

Objetivos específicos para evaluar un curso de primeros auxilios:

❚ Aprender los conceptos básicos y generales de los primeros auxilios.
❚ Adquirir las habilidades y aplicar los principios de actuación para poder reaccionar adecuadamente en situaciones de urgencia.
❚ Conocer los aspectos jurídicos relacionados.

## 11.2. Evaluación de los contenidos

La evaluación de los contenidos se realizará para comprobar si los objetivos que se habían marcado al principio de la formación se han logrado, así como para eliminar aquellos contenidos que no aportan nada al curso.

Se debe tener siempre en cuenta que se puede lograr un mismo objetivo de formación utilizando diversos contenidos.

Para evaluar los contenidos, hay que comprobar si se ha seguido una secuencia lógica a la hora de impartirlos. Esta secuencia permite que los contenidos sean adquiridos por los alumnos de una manera más significativa, es decir, facilita el aprendizaje de los mismos.

Para que la evaluación de los contenidos resulte positiva, éstos deben ir expuestos:

■ De acuerdo con los objetivos propuestos y con los plazos previstos para conseguirlos.
■ De lo conocido a lo desconocido.

- De lo inmediato a lo remoto.
- De lo concreto a lo abstracto.
- De lo fácil a lo difícil.

Otro aspecto a tener en cuenta para que la evaluación de los contenidos sea positiva, es que éstos se deben estructurar adecuadamente, por ejemplo, mediante módulos, unidades didácticas, etc. Éstas tienen que abarcar los conocimientos, las habilidades y las actitudes que capacitan al alumno para poner en práctica las funciones que desempeñará en su puesto de trabajo. Por lo general, se pueden constituir equivalencias entre objetivos generales y cursos, objetivos específicos y módulos, unidades didácticas, etc. así como entre objetivos operativos y sesión formativa,.

 Ejemplo

Siguiendo el ejemplo anterior de primeros auxilios, los contenidos que se evaluarán para comprobar si se han logrado o no los objetivos anteriormente propuestos, son:

I Primeros auxilios: conceptos generales.
I Soporte vital básico (reanimación cardio-pulmonar)-adultos.
I Soporte vital básico-niños.
I Soporte vital instrumental.
I Traumatismos osteoarticulares. Inmovilizaciones (vendajes y férulas improvisadas).
I Movilización de urgencia y posiciones de espera.
I Traumatismos craneales y vertebro-medulares.
I Otras situaciones de emergencia.

## 11.3. Evaluación de la metodología

La evaluación de la metodología consiste en comprobar que los métodos que se han utilizado son los adecuados para lograr los objetivos formativos, aunque éstos deben ser flexibles a la hora de utilizarlos, ya que deben adaptarse a la materia tratada, a los alumnos, a los recursos disponibles, etc.

Para conseguir que la evaluación de la metodología sea positiva, se deben tener en cuenta las características que se emplean para definir un método. Éstas pueden ser:

- Presentar y mostrar la problemática del tema para que, a través de la reflexión y el esfuerzo, el alumno pueda resolverla.
- Respetar tanto la libertad de expresión como de creación.
- Las actividades que están destinadas al alumno tienen que ser dirigidas por el formador para que el alumno reflexione y participe.
- Motivar al alumno, relacionando los temas con sus intereses, motivaciones y necesidades.
- Organizar los nuevos aprendizajes para que se integren con los ya adquiridos.
- Tener en cuenta las limitaciones y las posibilidades que tiene cada alumno.
- Dar lugar a la acción individualizada a través de tareas que requieran planteamientos y acciones individualizadas.

## 11.4. Evaluación de actividades y recursos

Las **actividades** son unos elementos que acompañan a los contenidos formativos, ya que éstas refuerzan los contenidos que son expuestos por el formador. Siempre debe existir coordinación entre ambos, para esto se deben seleccionar adecuadamente tanto los métodos como las técnicas.

Para evaluar las diversas actividades que se han desarrollado, hay que formular una serie de preguntas para saber si las actividades han sido eficaces o han fallado en su ejecución. Algunas de estas preguntas pueden ser:

- ¿Qué ha hecho el alumno?
- ¿Ha sabido aplicar los conocimientos necesarios para lograr resolver las actividades?
- ¿Valora y comprende la finalidad de la actividad?
- ¿Ha mostrado interés en la realización de la misma?
- ¿Qué ha aprendido?
- ¿Han sido válidas las actividades?

- ¿Cuáles han fallado? ¿Por qué?
- ¿Se han alcanzado los objetivos?
- Etc.

Junto con las actividades, los recursos también tienen que ser evaluados, ya que de ellos va a depender en cierta manera la eficacia de las actividades. Por eso, en la evaluación de los recursos hay que tener en cuenta la eficacia de aquellos que se han utilizado y cuáles son los que se hubieran necesitado para desarrollar el curso.

Se pueden distinguir varios criterios para evaluar la eficacia de los recursos:

- Su calidad, porque actúa como mediador entre la realidad y la estructura cognitiva del alumno.
- El contexto metodológico, ya que todo va a depender de la metodología usada por el formador.
- Los propios alumnos, sus motivaciones, intereses, etc.
- La experiencia del formador en el manejo de los diversos recursos, sus habilidades, etc.

También es necesario tener en cuenta qué evaluar de los recursos:

- La rentabilidad de éstos.
- El aprovechamiento para distintas finalidades.
- El mantenimiento.
- La actualización, deben adaptarse a las nuevas tecnologías.
- La adecuación al proceso de enseñanza-aprendizaje.
- Posibilitar la acción, estimular y responder a las curiosidades presentes en el alumnado.

## 11.5. Evaluación del formador

La figura del formador es muy importante a lo largo de todo el proceso formativo, ya que, en cierta manera, el éxito o el fracaso de la formación recae sobre él, por lo tanto, es imprescindible conocer previamente a la persona que va a impartir un curso.

El formador es el mediador entre los contenidos y los alumnos, por lo que debe evaluarse de forma continua y a lo largo de todo el proceso de enseñanza-aprendizaje, así como al final del proceso, momento en que se comprobará si los métodos y estrategias que ha diseñado y utilizado han sido los adecuados, introduciendo posibles modificaciones para las prácticas futuras.

La evaluación del formador se puede realizar desde varias vertientes, en cada una de ellas se evalúan aspectos diferentes, pero todas persiguen el mismo fin, que es fomentar la calidad de la formación.

## Evaluación realizada por los alumnos

Los alumnos pueden evaluar aspectos como la relación del formador con los alumnos, la organización de las sesiones, el control de clase, la efectividad de la enseñanza, etc.

En la siguiente tabla se muestra un cuestionario a modo de ejemplo:

---

**Marque la opción que más se adecúe a las características que prevalecieron a lo largo del curso**

---

1. Las oportunidades que tuve para realizar preguntas en clase fueron:
   a. Frecuentes
   b. Regulares
   c. Escasas
   d. Muy escasas

---

2. El interés que mostró el formador respecto a los alumnos fue:
   a. Satisfactorio
   b. Regular
   c. Poco
   d. Muy pobre

---

3. El clima existente en el aula fue:
   a. Bueno
   b. Regular
   c. Tenso
   d. Malo

---

Continúa en página siguiente >>

<< Viene de página anterior

**Marque la opción que más se adecúe a las características
que prevalecieron a lo largo del curso**

4. En la prueba final se evaluaban los contenidos dados a lo largo del curso:
    a. Sí
    b. No

5. El material presentado en el curso fue:
    a. Original
    b. Poco original
    c. Nada original

6. Las actividades que realicé para asimilar los contenidos fueron:
    a. Útiles
    b. Regulares
    c. Pobres
    d. Inútiles

7. El contenido marcado para el curso se expuso en su totalidad:
    a. Sí
    b. No

8. El grupo de alumnos afectó a mi aprendizaje:
    a. De manera positiva
    b. De manera negativa
    c. No me afectó

9. El material audiovisual me pareció:
    a. Atractivo
    b. Regular
    c. Inadecuado

10. Los procesos, problemas y soluciones experimentados en el trabajo en
    grupo fueron:
    a. Bien planteados
    b. Regular planteados
    c. Mal planteados

11. Las exposiciones por parte del docente me parecieron:
    a. Buenas
    b. Regulares
    c. Malas

Continúa en página siguiente >>

&lt;&lt; Viene de página anterior

---

**Marque la opción que más se adecúe a las características que prevalecieron a lo largo del curso**

---

12. La actuación del profesor durante el curso evidenció:
    a. Un elevado conocimiento de la materia
    b. Un mediano conocimiento
    c. Un escaso conocimiento

---

13. El profesor supo controlar las conductas perturbadoras sucedidas a lo largo del curso de forma:
    a. Eficaz
    b. Regular
    c. Ineficaz

---

14. El ritmo que siguió el profesor al exponer los contenidos me pareció:
    a. Muy bueno
    b. Satisfactorio
    c. Monótono

---

15. La secuencia de presentación de los contenidos del curso fue:
    a. Lógica
    b. Regular
    c. Arbitraria

---

16. La actuación del profesor despertó interés y motivación:
    a. Muchas veces
    b. Algunas veces
    c. Pocas veces
    d. Ninguna vez

---

## Evaluación realizada por el propio formador

En esta evaluación, el formador va a evaluar la preparación del curso, el desarrollo del mismo, y también realizará una evaluación propia de su actuación como formador.

En la siguiente tabla se muestra un cuestionario a modo de ejemplo:

**Marque la opción que más se adecúe a las características que prevalecieron a lo largo del curso**

## A. PREPARACIÓN DEL CURSO

1. ¿Cómo ha sido el tiempo con el que ha contado?
     a. Suficiente
     b. Insuficiente

¿Por qué? _____

2. ¿Cómo considera la distribución de las sesiones del curso?
     a. Adecuadas
     b. Inadecuadas

¿Por qué? _____

3. ¿Ha dispuesto de las guías didácticas del curso?
     a. Sí
     b. No

¿Por qué? _____

4. ¿Ha dispuesto de los recursos necesarios para la preparación de sus sesiones?
     a. Sí
     b. No

¿Cuáles le han hecho falta? _____

5. Teniendo en cuenta su nivel de formación, ¿ha necesitado apoyo por parte de la dirección del curso?
     a. Sí
     b. No

¿Cómo ha sido el apoyo? _____

## B. DESARROLLO DEL CURSO

6. ¿El desarrollo de las sesiones (distribución y tiempo) se ha correspondido con la planificación prevista?
     a. Sí
     b. No

7. ¿La metodología utilizada para el desarrollo de las sesiones ha propiciado la participación e implicación del alumnado?
     a. Sí
     b. No

¿Por qué? _____

Continúa en página siguiente >>

<< Viene de página anterior

---

**Marque la opción que más se adecúe a las características que prevalecieron a lo largo de curso**

---

8. ¿Considera que el clima del curso ha sido el adecuado?
   a. Sí
   b. No

¿Por qué? _____

9. ¿El contexto donde se ha desarrollado el curso ha sido adecuado y oportuno?
   a. Sí
   b. No

¿Por qué? _____

10. ¿Ha conseguido los objetivos propuestos?
    a. Sí
    b. No

¿Por qué? _____

---

## C. AUTOEVALUACIÓN

---

11. Evalúe de 1 a 4 los siguientes apartados relacionados con su intervención como formador, donde:

    1. Considero imprescindible mejorar mi formación en este aspecto.
    2. Considero necesario mejorar mi formación en este aspecto.
    3. Cuento con recursos necesarios para el desarrollo ajustado del curso, pero podría encontrar dificultades si éste cambia el rumbo prefijado.
    4. Mi formación al respecto es adecuada y dispongo de recursos suficientes para el desarrollo óptimo del curso.

|  | 1 | 2 | 3 | 4 |
|---|---|---|---|---|
| Dominio de los contenidos |  |  |  |  |
| Metodología/didáctica empleada |  |  |  |  |
| Comunicación con el alumnado |  |  |  |  |
| Trabajo en equipo |  |  |  |  |

---

## D. AMPLIACIÓN

---

Puede anotar a continuación cualquier aportación que desee realizar y no haya sido considerada en este cuestionario.

_____
_____

---

## 11.6. Tipos de evaluación

Existen diferentes tipos de evaluación, cada una se aplicará atendiendo a diferentes criterios.

### Según su finalidad o función de la evaluación

#### *Diagnóstica*

Esta evaluación, como su nombre indica, tiene un carácter diagnóstico, ya que permite que se conozcan las potencialidades del alumno. De esta manera, la actividad didáctica se dirige de forma más efectiva.

#### *Formativa*

Se utiliza como estrategia para mejorar y ajustar los procesos formativos en el momento que se están llevando a cabo, para alcanzar las metas y los objetivos marcados. La evaluación formativa es aplicable a la evaluación de procesos.

#### *Sumativa*

Se aplica a la evaluación de productos terminados, es decir, se sitúa concretamente cuando finaliza un proceso, cuando éste se considera acabado. Su propósito es determinar el grado en que se han conseguido los objetivos establecidos, para evaluar de forma positiva o negativa el resultado. Esta evaluación permite tomar medidas tanto a medio como a largo plazo.

### Según el momento de aplicación de la evaluación

#### *Inicial*

Se produce al principio del proceso de enseñanza-aprendizaje. La función que tiene la evaluación inicial es identificar el nivel de conocimientos que tienen los alumnos que inician un curso y, de esta manera, comprobar si los alumnos cuentan con los conocimientos necesarios para comenzarlo, y determinar si es posible impartirlo de acuerdo al programa formativo o si se requiere alguna modificación.

### Procesual

La evaluación procesual se basa en valorar, de forma continua, el aprendizaje de los alumnos y la enseñanza del profesor, a través de la recogida sistemática de datos, toma de decisiones, etc.

La evaluación procesual es totalmente formativa, ya que, al favorecer la recogida continua de datos, permite tomar decisiones en el mismo momento que se considere necesario.

Los resultados que se obtienen forman la base permanente para el formador a la hora de programar las actividades diarias, así como para establecer las actividades y los procedimientos más apropiados. De esta manera, se evitan las dificultades que se puedan producir en los aprendizajes que se están llevando a cabo. La finalidad de todo esto es evitar errores y vacíos en los aprendizajes posteriores.

### Final

La evaluación final es aquella que se realiza al finalizar la formación, por lo tanto ésta recoge y valora los resultados obtenidos a lo largo de un periodo formativo.

## Según su extensión

### Global

Tiene en cuenta todos los elementos y procesos que guardan relación con todo lo que es objeto de evaluación. Por ejemplo, si se trata de evaluar el proceso de aprendizaje de los alumnos, esta evaluación se centra en todas las áreas en general, pero sobre todo en los diversos tipos de contenidos de enseñanza (conceptos, procedimientos, valores, normas, etc.).

*Parcial*

Esta evaluación no se realiza de manera global, sino que se lleva a cabo por partes, es decir, evalúa los componentes que más interesan.

## Según los agentes que realizan la evaluación

### *Autoevaluación o evaluación interna*

Es el proceso sistemático mediante el cual una persona o grupo examina y valora sus procedimientos, comportamientos y resultados, para identificar qué quiere corregir o modificar en él. La evaluación interna muestra que los alumnos están más motivados a la hora de realizar una tarea difícil. La puesta en práctica de la autoevaluación no conlleva que el profesorado abandone sus funciones, sino que implica una concepción diferente de la enseñanza.

La autoevaluación ofrece al estudiante ayuda para descubrir sus necesidades, cantidad y calidad de su aprendizaje, causas de sus problemas, dificultades y éxitos en el estudio. De esta manera, el alumno puede conocerse de manera más concreta.

### *Heteroevaluación o evaluación externa*

La evaluación externa es realizada o llevada a cabo por otra persona que no es el protagonista del aprendizaje. En esta evaluación, lo más frecuente es que el profesor evalúe al alumno.

| TIPOS DE EVALUACIÓN | |
| --- | --- |
| Según su finalidad o función | - Diagnóstica<br>- Formativa<br>- Sumativa |

Continúa en página siguiente >>

<< Viene de página anterior

| TIPOS DE EVALUACIÓN | |
|---|---|
| Según su momento de aplicación | - Inicial<br>- Procesual<br>- Final |
| Según su extensión | - Global<br>- Parcial |
| Según los agentes que la realizan | - Autoevaluación o evaluación interna<br>- Heteroevaluación o evaluación externa |

# Solucionarios de ejercicios de repaso y autoevaluación

# Contenido

1. Aplicación de conceptos básicos de la teoría de género y del lenguaje no sexista
2. Procesos de comunicación con perspectiva de género en el entorno de intervención
3. Procesos de participación de mujeres y hombres y creación de redes para el impulso de la igualdad
4. Análisis del entorno laboral y gestión de relaciones laborales desde la perspectiva de género
5. Análisis y actuaciones en diferentes contextos de intervención (salud y sexualidad, educación, ocio, deporte, conciliación de la vida personal, familiar y laboral, movilidad y urbanismo y gestión de tiempos)
6. Análisis y detección de la violencia de género y los procesos de atención a mujeres en situaciones de violencia

Solucionario 1

# Aplicación de conceptos básicos de la teoría de género y del lenguaje no sexista

 Solucionario Capítulo 1

1. **De las siguientes opciones, indique cuál es la correcta:**

   a. El patriarcado es un tipo de organización social en la que los ámbitos de poder son mayoritaria o exclusivamente controlados por los varones.
   b. El patriarcado es una estructura social jerárquica donde se sitúa a los varones por encima de las mujeres.
   c. El patriarcado es una estructura social basada en un conjunto de ideas, prejuicios, símbolos, costumbres y leyes en las que lo masculino domina y oprime a lo femenino.
   d. **Todas las opciones son correctas.**

2. **¿Cuáles son los medios de transmisión del sistema patriarcal?**

   Los principales mecanismos de perpetuación del sistema patriarcal son:

   - La violencia estructural
   - La violencia simbólica
   - La división sexual del trabajo
   - El uso discriminatorio del tiempo
   - La distribución específica de los espacios
   - La educación sentimental
   - Uso androcéntrico del lenguaje

3. **Explique en qué consiste la igualdad formal y la igualdad real o efectiva.**

   - IGUALDAD FORMAL: son los principios de igualdad de género recogidos en la ley, ante la ley y en aplicación de la ley. Es el reconocimiento jurídico de la igualdad. Proporciona a ambos géneros los mismos derechos, oportunidades, condiciones e igual tratamiento en todos los ámbitos.
   - IGUALDAD REAL O EFECTIVA: la eliminación de discriminación de trato en cualquier ámbito. La ley impone la igualdad de trato, pero en la realidad se siguen dando discriminaciones hacia las mujeres. Por ejemplo, la ley prohíbe que las mujeres cobren menos que los hombres en un mismo puesto de trabajo. Sin embargo, la realidad es que existe una brecha salarial. El principal mecanismo para detectar la igualdad real o efectiva de un país

(o de una organización) consiste en analizar las diferencias de mujeres y hombres (la brecha de género) en los siguientes aspectos:

I Salud reproductiva
I Empoderamiento
I Mercado laboral
I Educación
I Participación económica y política

4. **De las siguientes opciones, indique cuál es la correcta:**

   a. Sexo y género son dos conceptos diferentes: el sexo es la orientación sexual de las personas y el género es la construcción de la identidad social según el sexo.
   b. **Sexo y género son dos conceptos diferentes: el sexo se refiere a las características biológicas, físicas y corporales y el género a la construcción de la identidad social relativa al sexo.**
   c. Sexo y género son las similitudes entre hombres y mujeres.
   d. Sexo y género significan lo mismo y se usan indistintamente.

5. **Explique en qué consiste la discriminación por sexo directa, indirecta y múltiple.**

   I DISCRIMINACIÓN DIRECTA: se considera discriminación directa por razón de sexo la situación en que se encuentra una persona que sea, haya sido o pudiera ser tratada, en atención a su sexo, de manera menos favorable que otra en situación comparable.
   I DISCRIMINACIÓN INDIRECTA: se considera discriminación indirecta por razón de sexo la situación en que una disposición, criterio o práctica aparentemente neutros pone a personas de un sexo en desventaja particular con respecto a personas del otro, salvo que dicha disposición, criterio o práctica puedan justificarse objetivamente en atención a una finalidad legítima y que los medios para alcanzar dicha finalidad sean necesarios y adecuados.
   I DISCRIMINACIÓN MÚLTIPLE O CONVERGENTE: la discriminación múltiple o convergente es aquella situación en la que una persona sufre un trato discriminatorio por más de una razón. La discriminación múltiple no significa la suma de todas las causas que provocan la discriminación, sino que es más bien la interacción de dichas causas. Este tipo de discriminación es una de las más difíciles de detectar porque hay que comprobar que la situación de discriminación se produjo por, al menos, dos motivos.

6. **Explique las diferencias entre educación mixta y coeducación.**

▪ EDUCACIÓN MIXTA: el modelo de escuela mixta se basa en el principio democrático de la igualdad de oportunidades, basándose en una educación conjunta e igualitaria.

Desde la educación mixta se trata a niños y niñas por igual, sin tener en cuenta sus diferencias. En el modelo de educación mixta, niños y niñas tienen acceso a los mismos contenidos y comparten los mismos espacios.

▪ COEDUCACIÓN: el modelo de coeducación consiste en la educación conjunta de hombres y mujeres tomando como referencia la importancia de las diferencias sociales y sexuales entre niños y niñas. Incorpora la dimensión de género y reconoce la diversidad de género como diversidad cultural.

Desde este modelo se considera que la escuela no es un espacio neutral y que es un medio de transmisión y reproducción de los ancestrales valores patriarcales asumidos como tradicionales, los roles de género y los estereotipos de género.

Para superar las desigualdades sociales, la escuela coeducativa tiene como objetivo eliminar estereotipos de género y romper con las jerarquías culturales sexistas.

La coeducación es una propuesta pedagógica que pretende una reformulación del modelo educativo de transmisión del conocimiento y de las ideas tomando la perspectiva de género.

En resumen, la educación mixta trata a niños y niñas por igual, no haciendo distinciones por el género. En la coeducación se tienen en cuenta las diferencias de género como diferencias culturales y se pretende superar roles y estereotipos de género.

7. **De las siguientes opciones, indique cuál es la correcta:**

a. En la socialización diferenciada se prepara a los niños para ser igualitarios y a las niñas se las anima a reivindicar sus derechos.

b. **En la socialización diferenciada se prepara a los niños para la producción, para prosperar en el ámbito público, en el empleo formal, mientras a las niñas se las orienta radicalmente a la reproducción y al espacio privado.**

c. En la socialización diferenciada se tienen las mismas expectativas hacia niños y niñas, incluso antes de nacer.

d. En la socialización diferenciada se educa a los niños y niñas ignorando sus diferencias.

**8. De las siguientes frases, indique cuál es verdadera o falsa:**

    a. Desagregar los datos por sexo es suficiente para aplicar la perspectiva de género en la recogida y el análisis de la información.

        ☐ Verdadero
        ☑ **Falso**

    b. Los indicadores de género cuantitativos se miden en tipo, grado, nivel.

        ☐ Verdadero
        ☑ **Falso**

    c. Las fuentes secundarias son las que ofrecen información ya elaborada.

        ☑ **Verdadero**
        ☐ Falso

**9. De las siguientes opciones, indique cuál es la correcta:**

    a. Un análisis de impacto de género es una evaluación del concepto social de género a lo largo de la historia.
    b. Un análisis de impacto de género es una evaluación de los efectos que tiene un proyecto, programa o intervención exclusivamente sobre las mujeres.
    c. Un análisis de impacto de género es una evaluación de los efectos que tiene un proyecto, programa o intervención exclusivamente sobre los hombres.
    **d. Un análisis de impacto de género es una evaluación de los efectos que producen o producirán las políticas, los programas o las intervenciones respecto a las situaciones de desigualdad por motivos de género**

**10. De las siguientes opciones, indique cuál es la correcta:**

    a. Cuando se realiza una intervención social, no hace falta informar a la persona usuaria de que sus datos van a ser usados para realizar dicha intervención porque no es su derecho.
    b. Cuando se realiza una intervención social, no hace falta informar a la persona usuaria de que sus datos van a ser usados para realizar dicha intervención porque se informa a su familia.

   c. **Cuando se realiza una intervención social, es necesario y obligatorio informar a la persona usuaria de que sus datos van a ser usados para realizar dicha intervención porque es su derecho.**

   d. Cuando se realiza una intervención social, no hace falta informar a la persona usuaria de que sus datos van a ser usados para realizar dicha intervención porque sus datos pueden ser usados para cualquier finalidad.

Solucionario Capítulo 2

1. **De las siguientes opciones, indique cuál es la correcta:**

   a. Una imagen es sexista cuando incluye escenas de sexo.
   b. **Una imagen es sexista cuando frivoliza o justifica cualquier tipo de violencia de género.**
   c. Una imagen es sexista cuando pretende combatir las discriminaciones de género.
   d. Una imagen es sexista cuando trata sobre el sexismo.

2. **¿En qué espacios comunicativos de una organización deben aplicarse medidas para el uso de un lenguaje inclusivo y no sexista, así como para el tratamiento de imágenes?**

   Se deben aplicar las estrategias en todos los espacios comunicativos:

   ▪ Documentos administrativos, como formularios.
   ▪ Proyectos.
   ▪ Documentos cerrados: son aquellos que tienen una persona destinataria conocida, como correos electrónicos o cartas.
   ▪ Documentos abiertos: son aquellos en los que no se conoce a la persona destinataria, como circulares internas.
   ▪ Convocatorias, concursos, relación de puestos de trabajo, ofertas de empleo, ayudas, subvenciones, campañas institucionales.
   ▪ Cualquier medio comunicativo que lleve texto o imágenes: carteles, folletos, flyers, boletines, merchandising, imagen corporativa, páginas web, redes sociales.

3. **Explique en qué consiste la regla de la inversión en el análisis del lenguaje y en el análisis de las imágenes.**

   Un recurso para saber si una imagen es sexista es aplicar la regla de la inversión. Consiste en cambiar el sexo de las personas protagonistas de la imagen y analizar si el significado del mensaje es diferente.

   En el caso de que haya dudas sobre si se le está dando un uso sexista a una palabra, se aplica la regla de la inversión.

La regla de la inversión en el análisis del lenguaje consiste en sustituir la palabra dudosa por su correspondiente en el género opuesto. Si al cambiar el género se cambia el significado de la frase o expresión significa que la palabra es discriminatoria y que es necesario realizar cambios.

**4. Complete la siguiente frase:**

Las mujeres necesitan ser nombradas para **ser visibilizadas.**

**5. Explique qué son las denominaciones dobles. ¿Es correcto su uso? ¿Por qué?**

Las denominaciones dobles consisten en usar la misma palabra en masculino y femenino. Su uso es correcto porque al hacerlo se está representando a todas las personas y no se excluye a nadie. Por ejemplo "los hijos y las hijas".

**6. Explique cómo influyen los medios de comunicación en la construcción del género.**

Los medios de comunicación son portavoces de la opinión pública, referentes sociales; son instrumentos de poder que mandan mensajes impactantes: participan en la construcción de la identidad de las personas, organizan y estructuran la visión del mundo y de los valores. Envían mensajes sobre lo positivo y lo negativo, sobre lo deseable o lo inaceptable: dictan cómo deben ser las personas, cómo deben sentir y qué tienen que hacer según si son mujeres u hombres.

Los medios de comunicación participan en la construcción de género a través de sus mensajes. Las personas los interiorizan y asimilan las características que se atribuyen a su género para poder encajar con los modelos sociales preestablecidos.

**7. De las siguientes opciones, indique cuál es la correcta:**

    a. Desde una perspectiva de género, el uso del masculino genérico es muy cómodo y práctico.

    **b. Desde una perspectiva de género, el uso del masculino genérico oculta e invisibiliza a la mujer.**

    c. Desde una perspectiva de género, el uso del masculino genérico es lo normal y lo recomendable porque es lo que se ha hecho tradicionalmente.

    d. Desde una perspectiva de género, el uso del masculino genérico incluye a la mujer.

### 8. De las siguientes frases, indique cuál es verdadera o falsa:

a. Es correcto nombrar los cargos, oficios y profesiones tanto en masculino como en femenino.

☑ **Verdadero**
☐ Falso

b. Solo las instituciones pueden presentar denuncias sobre contenidos audio-visuales de contenido sexista.

☐ Verdadero
☑ **Falso**

c. Los documentos gubernamentales utilizan el masculino genérico como norma.

☐ Verdadero
☑ **Falso**

### 9. Indique tres estrategias para usar imágenes no sexistas.

▌ Representar a hombres y mujeres en espacios y actividades diversas, no encasillándolos en los típicos roles de género.
▌ No tomar como modelo único de referencia lo masculino, evitando la perspectiva androcéntrica. Representar al conjunto global de personas con iconos y símbolos que incluyan a mujeres y hombres.
▌ Hacer un análisis de impacto de género sobre los contenidos de las imágenes: cómo representan a hombres y mujeres y cómo les afecta dicha representación.
▌ Dar a conocer la diversidad de hombres y mujeres que hay en la sociedad, evitando presentar un modelo único estereotipado, naturalizando las imágenes de personas que se salen de los estereotipos de género y presentándolas como algo normal.
▌ Evitar las imágenes discriminatorias o denigrantes.
▌ Mostrar una participación y representación equilibrada: la cantidad de hombres y mujeres que aparecen, el espacio que ocupan sus figuras y el tiempo que aparecen.
▌ Promover relaciones igualitarias y libres de violencia.

**10. Realice un esquema del formato que debe tener una denuncia sobre una imagen de contenido sexista en medios audiovisuales.**

I   Datos: tanto si es de una persona particular o una organización, hay que detallar nombre, dirección y modo de contacto.

I   Tipo de contenido: publicitario/no publicitario.

I   Medio de difusión: televisión, prensa, radio, cine, internet o soportes informáticos, vallas y mobiliario urbano, autobús o metro, promociones, folletos, otros medios. Momento de difusión de la imagen o espacio donde esté ubicada.

I   Nombre del medio de difusión, del anunciante y del producto o marca en caso de que fuera publicidad comercial.

I   Descripción del contenido de la imagen y motivo de la queja. Se debe exponer el análisis de la imagen desde una perspectiva de género, explicando los estereotipos sexistas que aparezcan.

Solucionario Capítulo 3

1. De las siguientes opciones, indique cuál es la correcta:

   a. La participación del hombre en las tareas domésticas no permite a los varones desarrollar una paternidad responsable.
   b. La participación del hombre en las tareas no ayuda en la reducción de la doble jornada de la mujer.
   c. **La participación del hombre en las tareas domésticas no solo supone beneficio para hombres y mujeres, sino que es además una práctica de justicia social.**
   d. La participación del hombre en las tareas domésticas se da en igualdad de condiciones y no es necesario fomentar esta participación.

2. Explique la diferencia entre conciliación y corresponsabilidad.

   ▪ La conciliación es la necesidad que tienen las personas de poder compaginar el empleo con las obligaciones del hogar, las responsabilidades familiares y el tiempo libre. Es llamada conciliación de la vida personal, familiar y laboral.

   ▪ La corresponsabilidad consiste en repartir, de forma justa y equilibrada, las tareas del hogar y las responsabilidades familiares entre todos los miembros del núcleo familiar: pareja, hijos e hijas y otros miembros. El objetivo de la corresponsabilidad es que las tareas del hogar y el cuidado no recaigan exclusivamente en las mujeres y se realice una distribución equitativa de dichas actividades.

3. Explique en qué consiste el sistema de cuotas.

   El sistema de cuotas de participación de hombres y mujeres es una forma de acción positiva. Su objetivo es garantizar una representación paritaria de mujeres y hombres para fomentar un acceso equilibrado y ecuánime a los recursos y a la toma de decisiones. Los sistemas de cuotas son también conocidos como cuotas de género o cuotas de participación por sexo.

   Las cuotas por sexo indican la obligación de la presencia de mujeres y hombres en un porcentaje determinado y estas medidas las puede tomar cualquier institución, empresa y organización.

4. **¿Qué proporción de mujeres y hombres indica una representación paritaria?**

    a. 40 % mujeres y 60 % hombres.
    b. 60 % mujeres y 40 % hombres.
    c. No menos del 40 % ni más del 60 % en cualquiera de los sexos.
    **d. Todas las opciones son correctas.**

5. **Explique en qué consiste el efecto de "puerta giratoria" que se esperaba por las feministas en cuanto a los trabajos domésticos y de cuidados.**

Con la progresiva incorporación de las mujeres al campo del empleo formal se esperaba que se produjera esa misma incorporación de los hombres al espacio doméstico: es el concepto de "puerta giratoria", que desarrollaba esta hipótesis de cambio en la década de los sesenta. Se esperaba que el hombre, más aliviado en sus cargas como proveedor gracias al trabajo de la mujer, se involucraría cada vez más en las actividades del hogar, el cuidado y la crianza. Sin embargo actualmente ese cambio no está sucediendo con la suficiente magnitud. Se hace necesaria la formación de nuevas masculinidades más igualitarias que fomenten la participación del varón en el ámbito reproductivo.

6. **De las siguientes frases, indique cuál es verdadera o falsa:**

    a. Hombres y mujeres acceden en igualdad de condiciones a los beneficios y recursos.

        ☐ Verdadero
        ☑ **Falso**

    b. Las necesidades estratégicas son aquellas referidas a la igualdad de género.

        ☑ **Verdadero**
        ☐ Falso

    c. Cualquier intervención está influenciada por los roles de género de las personas del grupo.

        ☑ **Verdadero**
        ☐ Falso

7. **Indique la diferencia entre acceder a un recurso o beneficio y tener el control sobre él.**

Tener el acceso a un recurso no significa que se pueda ejercer el control sobre él. Acceder a un beneficio o recurso significa poder hacer uso de él, pero tener el control significa poder decidir cómo se hace ese uso. Por ejemplo, una mujer puede residir en una vivienda (tiene acceso al recurso), pero si la casa es de su esposo no puede decidir qué uso se hace de ella (no tiene el control del recurso).

8. **Indique los beneficios económicos de la participación de la mujer en el espacio laboral.**

Desde una perspectiva económica, cuando las mujeres pueden desarrollar todo su potencial en el trabajo crecen los beneficios macroeconómicos de los países. El trabajo de la mujer puede ser un factor muy importante para reducir la pobreza en los países en vías de desarrollo. La presencia en igualdad de condiciones y en proporción equilibrada a la presencia del varón es una necesidad económica y es una prioridad en las políticas europeas. Los países europeos que cuentan mayor representación de mujeres en el mundo laboral tienen mayores niveles de ingresos económicos per cápita.

9. **Explique el origen de las asociaciones de mujeres.**

Las organizaciones de mujeres surgen ante la necesidad de encontrar y generar espacios de participación no relacionados con el espacio doméstico y el ámbito familiar. Las asociaciones de mujeres han permitido el intercambio de experiencias y la reivindicación de derechos, la expresión de intereses e inquietudes y la visibilización de las necesidades específicas femeninas. El movimiento asociativo es un elemento de integración y de participación en los asuntos sociales, públicos y políticos.

10. **Complete la siguiente oración.**

La presencia de las mujeres en el espacio económico siempre ha sido fuerte, pero ha estado invisibilizada: la mujer ha realizado gran cantidad de trabajos no remunerados que han servido para el desarrollo de la sociedad que no son reconocidos.

## Solucionario Capítulo 4

1. **De las siguientes opciones, indique cuál es la correcta:**

   a. El techo de cristal es una barrera que impide a las mujeres ser madres.
   b. **El techo de cristal es la desigualdad en la promoción profesional de las mujeres.**
   c. El techo de cristal impide a los hombres avanzar en su carrera profesional.
   d. El techo de cristal son normas escritas para que las mujeres no avancen en sus carreras.

2. **¿Qué son las discriminaciones positivas?**

   La discriminación positiva o inversa es aquella medida dirigida a un grupo determinado, con la finalidad de erradicar o prevenir una discriminación o compensar las desventajas.

3. **Complete la siguiente oración.**

   La transversalidad de género es, por una parte, un **objetivo**: alcanzar la igualdad entre mujeres y hombres. A la vez, es un **instrumento** que mejora la presencia de las mujeres en la toma de decisiones.

4. **De las siguientes opciones, indique cuál es la correcta:**

   a. *Feminismo* es lo opuesto a *masculinismo*.
   b. *Feminismo* es lo mismo que *hembrismo*.
   c. ***Feminismo* no es el equivalente femenino a *machismo*.**
   d. *Feminismo* es el equivalente femenino a *machismo*.

5. **De las siguientes opciones, indique cuál es la correcta:**

   Las medidas fundamentales para romper el techo de cristal son:

   a. Medidas de conciliación.
   b. Sistemas de cuotas.
   c. Revisión de la mentalidad corporativa.
   d. **Todas las opciones son correctas.**

### 6. Explique qué son las acciones positivas.

Las acciones positivas son actuaciones destinadas a eliminar desigualdades entre sexos; son medidas temporales para suprimir y compensar las desventajas existentes. Estas medidas son aplicables mientras se mantengan dichas situaciones de desigualdad y han de ser razonables y proporcionadas en relación al objetivo que se pretende perseguir.

### 7. De las siguientes opciones, indique cuál es la correcta:

a. El empoderamiento femenino permite dar mayor presencia y protagonismo a las mujeres en la sociedad y en los espacios de toma de decisiones.
b. El empoderamiento femenino permite reducir las brechas socioeconómicas y culturales existentes entre sexos.
c. El empoderamiento femenino permite que las mujeres ganen poder, tanto a nivel personal como a nivel social.
d. **Todas las opciones son correctas.**

### 8. De las siguientes frases, indique cuál es verdadera o falsa:

a. Aplicar un sistema de cuotas es una medida de acción positiva.

☑ **Verdadero**
☐ Falso

b. Las TIC han sido una herramienta útil para el empoderamiento de las mujeres.

☑ **Verdadero**
☐ Falso

c. El feminismo estaba relacionado con el abolicionismo y el sufragismo.

☑ **Verdadero**
☐ Falso

9. **Indique qué acciones positivas se pueden tomar en una organización en cuanto a los procedimientos de reclutamiento, selección y contratación de mujeres.**

Realizar ofertas de empleo que no presenten un lenguaje sexista. Eliminar de los cuestionarios de reclutamiento preguntas relacionadas con el estado civil y el número de hijos. Motivar a las mujeres a que opten a puestos de trabajo considerados tradicionalmente como masculinos. Promover la participación femenina en la selección de personal. Aplicar sistemas de cuotas para garantizar un acceso paritario de ambos sexos. Negociar, de forma colectiva, los sistemas de contratación y las categorías laborales, prestando atención a la presencia de mujeres en las categorías más altas.

10. **De las siguientes opciones, indique cuál es la correcta:**

    a. Los presupuestos con perspectiva de género son presupuestos para mujeres.
    b. Los presupuestos con perspectiva de género son aquellos hechos por mujeres.
    c. Los presupuestos con perspectiva de género no tienen en cuenta que las mujeres no acceden de la misma forma que los hombres a los recursos.
    d. **Los presupuestos con perspectiva de género tienen en cuenta que las mujeres no acceden de la misma forma que los hombres a los recursos.**

Solucionario Capítulo 5

1. **El concepto trabajo se refiere a:**

    a. Exclusivamente, las actividades que son retribuidas económicamente.

    b. Las actividades que producen bienes y servicios para su intercambio por una remuneración o una ayuda.

    **c. Las actividades que producen bienes y servicios, para uso propio o para su intercambio por una remuneración o una ayuda.**

    d. Las actividades que producen bienes y servicios bajo un contrato laboral.

2. **Explique qué es la división sexual del trabajo.**

La división sexual del trabajo impone roles y tareas a las personas según su sexo. Esta división sexual sitúa a las mujeres en el espacio privado realizando tareas domésticas, de cuidado y de crianza, mientras que a los hombres los sitúa en el empleo formal, la provisión económica de la familia y el ejercicio de la autoridad. La división sexual del trabajo también significa la prohibición de realizar las tareas que son atribuidas al otro sexo.

3. **Indique las diferencias entre el trabajo productivo y el trabajo reproductivo.**

El trabajo productivo se refiere a las actividades relacionadas con los ámbitos económicos, políticos y sociales, por los que se perciben prestaciones económicas. Estas actividades se desarrollan en el ámbito público.

El trabajo reproductivo es el relativo a las tareas domésticas, la crianza y el cuidado de personas. Se desarrolla en el espacio privado, en el hogar.

4. **Seleccione la opción correcta:**

    a. El aumento de la presencia de la mujer en el ámbito formativo ha supuesto un aumento equivalente en altos cargos directivos.

    **b. El aumento de la presencia de la mujer en el ámbito formativo no ha supuesto un aumento equivalente en altos cargos directivos.**

    c. La disminución de la presencia de la mujer en el ámbito formativo ha supuesto un descenso equivalente en altos cargos directivos.

    d. La disminución de la presencia de la mujer en el ámbito formativo no ha supuesto un descenso equivalente en altos cargos directivos.

## 5. Indique los colectivos de mujeres con especiales dificultades para acceder al empleo.

- Mujeres muy jóvenes.
- Mujeres mayores de 45 años.
- Mujeres sin formación.
- Mujeres en búsqueda de su primer empleo.
- Mujeres migrantes.
- Mujeres pertenecientes a minorías étnicas, religiosas o culturales.
- Mujeres con discapacidad.
- Mujeres de entornos rurales.
- Madres de familias monoparentales.
- Viudas.
- Mujeres víctimas de violencia de género.
- Mujeres víctimas de trata con fines de explotación laboral o sexual.
- Mujeres reclusas.
- Mujeres con enfermedades como VIH-SIDA.
- Mujeres drogodependientes.

## 6. Complete la siguiente oración.

Las empresas con más de **50** personas empleadas tienen la obligación de diseñar e implantar un plan de **igualdad** conforme a la normativa.

## 7. De las siguientes opciones, indique cuál es la correcta:

    a. Existe una relación directa entre la presencia femenina en puestos de alta dirección y resultados empresariales negativos.

    b. **Existe una relación directa entre la presencia femenina en puestos de alta dirección y resultados empresariales positivos.**

    c. No existe una relación directa entre la presencia femenina en puestos de alta dirección y resultados empresariales positivo<s.

    d. Existe una relación directa entre la infrarrepresentación femenina en puestos de alta dirección y resultados empresariales positivos.

8. **¿Son los estereotipos de género un obstáculo para la promoción de las mujeres a altos cargos directivos? Justifique la respuesta.**

Los estereotipos de género influyen en la promoción femenina. El empresariado supone que las mujeres están menos dispuestas que los hombres a optar a puestos de gran responsabilidad, horarios amplios y desplazamientos y a la dedicación plena que exigen estos cargos.

9. **De las siguientes frases, indique cuál es verdadera o falsa:**

   a. La división sexual del trabajo sitúa a las mujeres en una situación de dependencia económica del hombre.

   ☑ **Verdadero**
   ☐ Falso

   b. La división sexual del trabajo no implica una división de saberes.

   ☐ Verdadero
   ☑ **Falso**

   c. A principios del siglo XX las mujeres en España no trabajaban fuera del hogar.

   ☐ Verdadero
   ☑ **Falso**

10. **¿Cuáles son los principales factores que influyen en la promoción de las mujeres a altos cargos directivos?**

Los principales factores que influyen en la promoción de las mujeres a altos cargos directivos son la formación, el acceso a redes de influencia, la participación en procesos de mentorización, la autoconfianza y la ausencia de obligaciones familiares, pareja e hijos o hijas.

De modo que las mujeres con responsabilidades familiares ascienden en menor medida, por lo que la maternidad y las tareas reproductivas siguen siendo un obstáculo para promocionarse.

## Solucionario Capítulo 6

1. **El ciclo de la violencia consta de tres fases, que son:**

    a. 1ª Fase: Agresión. 2ª Fase: Reconciliación. 3ªFase: Luna de miel.
    b. 1ª Fase: Explosión. 2ª Fase: Reconciliación. 3ªFase: Explosión.
    **c. 1ª Fase: Formación. 2ª Fase: Agresión. 3ªFase: Reconciliación.**
    d. 1ª Fase: Luna de miel. 2ª Fase: Formación. 3ªFase: Agresión.

2. **¿Qué violencias incluye la definición de violencia hacia las mujeres de la ONU (Organización de Naciones Unidas)?**

Este concepto incluye la violencia física, sexual y psicológica; los abusos como la violencia relacionada con la dote; los abusos sexuales de los maridos; la mutilación genital; las violaciones; la explotación sexual; el acoso y el hostigamiento; la intimidación sexual en las organizaciones; la trata de mujeres y la prostitución forzada; la violencia ejercida por el Estado y las instituciones.

3. **Complete la frase.**

La mutilación genital femenina le niega a la mujer el **placer.**

4. **En violencia de género en pareja, ¿cuál es el perfil del agresor?**

    a. Varón enfermo que no sabe lo que hace.
    b. Varón, sin ningún tipo de relación con la víctima y presenta un pensamiento misógino.
    **c. Varón, tiene o ha tenido una relación sentimental con la víctima y presenta un pensamiento misógino.**
    d. Varón, tiene o ha tenido una relación sentimental con la víctima y bajo nivel socioeconómico.

**5. Explique qué consecuencias tiene en la salud la mutilación genital femenina.**

La mutilación es un motivo de dolor y sufrimiento e impide el placer de la mujer; puede provocar enfermedades, quistes, infecciones, problemas urinarios, graves hemorragias, además de complicar el parto y poner en riesgo la salud del bebé y de la madre.

**6. Indique qué consecuencias tiene, para la salud mental de las mujeres, la violencia de género.**

Las mujeres pueden verse afectadas mentalmente por el maltrato psicológico o por el daño emocional de recibir agresiones físicas. Estas consecuencias se manifiestan en cuadros de ansiedad y depresión, trastornos por estrés postraumático, trastornos de la conducta alimentaria.

**7. Indique los teléfonos a los que se puede llamar en caso de agresión.**

- 112 - Número de emergencias.
- 016 - Atención a víctimas de violencia de género.
- 091 - Policía Nacional.
- 062 - Guardia Civil.

**8. De las siguientes frases, indique cuál es verdadera o falsa:**

a. La trata de mujeres tiene como finalidad una explotación posterior.

☑ **Verdadero**
☐ Falso

b. En España la prostitución es ilegal.

☐ Verdadero
☑ **Falso**

c. El acoso por razón de sexo sucede cuando las actitudes y conductas molestas tienen como objetivo tener relaciones sexuales.

☐ Verdadero
☑ **Falso**

**9. Defina el concepto de violencia de género según la Ley Orgánica 1/2004.**

La Ley Orgánica 1/2004 determina que el delito de violencia de género es aquel que se refiere a las violencias que sufren las mujeres, por razón de sexo y como manifestación de dominio, por parte de los hombres con los que tienen o hayan tenido relaciones sentimentales.

**10. ¿Cuál es uno de los momentos más peligrosos para la mujer víctima de agresiones por parte de su pareja?**

Una de las etapas más peligrosas para una mujer víctima es justo cuando rompe su vínculo con el agresor, por ejemplo en la separación o el divorcio, y en esta fase las mujeres deben estar protegidas y acompañadas porque puede ser el momento en el que el hombre cometa el último acto de violencia hacia ella: el homicidio.

# Procesos de comunicación con perspectiva de género en el entorno de intervención

Solucionario Capítulo 1

1. **Señale si las siguientes afirmaciones son verdaderas o falsas.**

   a. Las barreras de la comunicación dificultan la descodificación del mensaje.

   ☑ **Verdadero**
   ☐ Falso

   b. La comunicación vertical es aquella que se produce entre personas de diferentes niveles jerárquicos.

   ☑ **Verdadero**
   ☐ Falso

   c. La comunicación interna de una organización se da cuando se promociona un servicio dentro de una comunidad.

   ☐ Verdadero
   ☑ **Falso**

2. **Relacione correctamente los siguientes conceptos con su definición.**

   a. Fuentes de información informales.
   b. Fuentes de información primarias.
   c. Fuentes de información secundarias.

   **b.** Hace referencia a fuentes originales surgidas del intelecto de uno o varios autores.
   **c.** Están basadas en otras fuentes para crear sus contenidos.
   **a.** No están organizadas o estructuradas y surgen como consecuencia de los procesos de trabajo.

3. **La aplicación de la transversalidad de la perspectiva de género en comunicación se refiere a...**

   a. ... chequear las acciones de comunicación para que no exista discriminación.
   b. ... potenciar la visión de las mujeres y sus necesidades.

c. ... analizar las diferencias de ambos sexos, con una visión no excluyente y considerando a mujeres y hombres de forma independiente. Aplicando este proceso en todas las fases de la comunicación.

d. ... establecer un análisis de género como primera etapa del plan de acción de comunicación considerando a la mujer como objetivo prioritario, atendiendo a sus necesidades y adaptando el contenido a su visión particular de entender el mundo y romper con las construcciones sociales de desigualdad.

4. **Busque en la siguiente sopa de letras algunas de las fuentes de información.**

| I | N | F | O | R | M | A | L |
|---|---|---|---|---|---|---|---|
| N | E | X | T | E | R | N | A |
| T | A | M | Q | T | U | B | U |
| I | N | T | E | R | N | A | T |
| O | R | A | L | S | U | L | X |
| P | S | O | N | O | R | A | E |
| G | R | A | F | I | C | A | T |

5. **¿Qué es el Código Deontológico de los trabajadores del ámbito social?**

El Código Deontológico de los trabajadores de ámbito social es un documento en el que se recogen los principios, valores y normas que han de guiar el ejercicio de su profesión. De igual forma, este documento apoya y enmarca las acciones de las/os trabajadoras/es para integrar la igualdad de género en todas sus acciones.

6. **Complete la siguiente oración.**

La comunicación **vertical** se produce en dos sentidos, sentido **ascendente** desde los niveles inferiores de la jerarquía hacia los superiores y sentido **descendente** desde los niveles superiores a los inferiores.

7. ¿Qué son los estereotipos de género?

Los estereotipos de género son las manifestaciones de las desigualdades sociales que se transmiten a través de la cultura social.

8. El aspecto que debe tenerse en cuenta para la construcción de mensajes facilitadores de la comunicación persuasiva es...

    a. ... el destinatario.
    b. ... que debe satisfacer necesidades.
    c. ... que debe ser sencillo y breve.
    d. ... el metamensaje.
    **e. Todas las opciones son correctas.**

9. Indique cuál de las siguientes recomendaciones no promueve la igualdad en equipos de trabajo.

    a. Fomento de la participación.
    b. Selección del personal basado en valoraciones de capacidades y características profesionales.
    **c. Respuestas colectivas a las necesidades.**
    d. Fomento de la comunicación en todas las direcciones.

10. ¿Qué se entiende por comunicación persuasiva?

La persuasión es una técnica de comunicación que busca, con intencionalidad, el cambio de actitud, pensamiento o ideas en sus receptores.

Solucionario Capítulo 2

1. Señale si las siguientes afirmaciones son verdaderas o falsas.

a. El *mainstreaming* de género se definió por primera vez en IV Conferencia sobre la Mujer celebrada en 1995.

☑ **Verdadero**
☐ Falso

b. La observación participativa consiste en la observación de varias personas pertenecientes a la población diana.

☐ Verdadero
☑ **Falso**

c. Los informantes claves pueden ser personas ajenas a la comunidad pero que por su ocupación, conocimiento o relación con la comunidad pueden aportar información privilegiada.

☑ **Verdadero**
☐ Falso

2. Relacione correctamente los siguientes conceptos con su definición.

a. Necesidades prácticas
b. Necesidades básicas
c. Intereses estratégicos

**b.** Hace referencia a las necesidades fisiológicas, alimento, agua, respirar, etc.
**c.** Hace referencia a las necesidades derivadas de roles tradicionales.
**a.** Hace referencia a los focos de atención donde focalizar las acciones de *mainstreaming.*

### 3. Los soportes de publicidad ATL hacen referencia a...

a. ... aquellos que utilizan los medios masivos de publicidad.
b. ... aquellos que no utilizan los medios masivos de publicidad.
c. ... aquellos que utilizan canales de comunicación personal.
d. ... aquellos que utilizan instrumentos informales de publicidad.

### 4. Busque en la siguiente sopa de letras cinco formatos de los distintos medios de comunicación.

| P | E | S | C | I | L | A | S |
|---|---|---|---|---|---|---|---|
| A | R | V | U | J | F | P | E |
| G | F | A | Ñ | A | R | M | I |
| I | G | L | A | R | E | U | L |
| N | J | L | O | P | E | P | S |
| A | I | A | T | O | P | I | B |
| S | P | O | R | T | S | O | U |

### 5. ¿Qué son los grupos de discusión?

Son grupos de trabajo en el que el debate y la reflexión es la base que define a esta técnica.

### 6. Complete la siguiente oración.

La descripción objetiva de los elementos en las escenas se refiere al aspecto **denotativo** y el aspecto **connotativo** hace referencia a la parte subjetiva o interpretativa que se haga de los elementos.

### 7. ¿Qué es el lenguaje androcentrista?

Es el lenguaje centrado en el hombre.

### 8. El órgano más relevante y que representa la fuente de información más destacada de nuestro panorama nacional es...

a. ... el Instituto de las Mujeres.
**b. ... el Instituto Nacional de Estadística.**
c. ... EUROSTAT.
d. ... el Instituto Europeo para la Igualdad de Género.

### 9. Indique cuál de las siguientes recomendaciones no fomenta la perspectiva de género en la creación de los mensajes:

a. Utilización de un lenguaje incluyente y no sexista.
**b. Uso de un lenguaje androcentrista.**
c. Adaptados a los diferentes públicos diana.
d. Visualizan a las mujeres en su diversidad.

### 10. ¿Qué se entiende por segmentación del público diana?

Separación en colectivos o grupos de estudio con características, necesidades o comportamientos comunes que les describen ayudando a determinar las acciones estratégicas del plan de comunicaciones.

Solucionario Capítulo 3

1. **Señale si las siguientes afirmaciones son verdaderas o falsas.**

   a. EL código deontológico recoge los procedimientos que son necesarios respetar en materia de LOPDGDD.

   ☐ Verdadero
   ☑ **Falso**

   b. Los mapas y guías de recursos deben ser elaborados por las comunidades autónomas y son de aplicación local.

   ☐ Verdadero
   ☑ **Falso**

   c. El Instituto de las Mujeres fue constituido en la Ley 16/83, de 24 de octubre, como promotor de las políticas de igualdad del gobierno.

   ☑ **Verdadero**
   ☐ Falso

2. **Relacione cada concepto con su definición.**

   a. Efectividad
   b. Eficiencia
   c. Eficacia

   **b.** Optimación de los recursos
   **c.** Logro de los objeticos propuestos
   **a.** El logro de los resultados con la máxima optimación de los recursos

3. **La Ley para la Igualdad Efectiva de Mujeres y Hombres...**

   a. ... es la Ley Orgánica 2/2007, de 23 de marzo.
   b. ... es la Ley Orgánica 2/2007, de 3 de marzo.
   **c. ... es la Ley Orgánica 3/2007, de 22 de marzo.**
   d. ... es la Ley Orgánica 3/2007, de 23 de mayo.

4. Busque en la siguiente sopa de letras las siglas de los seis organismos internacionales que trabajan a favor de la mujer.

| E | A | E | S | E | G | T | E |
|---|---|---|---|---|---|---|---|
| Q | C | S | A | A | G | E | L |
| U | W | R | S | T | E | E | I |
| I | C | S | W | A | I | T | W |
| N | I | C | E | D | A | W | P |
| E | O | A | O | E | I | G | E |
| T | I | N | A | P | Q | A | W |

5. ¿Qué es el secreto profesional?

Compromiso que adquiere el trabajador o trabajadora ante las personas usuarias de mantener silencio sobre todo la información que ha sido o pudiera ser revelada en el curso de su quehacer profesional.

6. Complete la siguiente oración.

Para el registro de información útil en materia de género es necesario incluir en el registro de información la variable **sexo** y la **segregación** de todas las variables para conocer el impacto en el género de cada una de ellas.

7. ¿Qué son los grupos de interés?

Los grupos sociales o personas integrantes de la comunidad formados por todas aquellas personas o grupos con los que la entidad necesita establecer vías o cauces de comunicación, es decir, establecer relaciones, en aras de la consecución de los objetivos.

8. ¿Qué habilidades de comunicación son facilitadoras de la retroalimentación?

    a. La asertividad y la autoestima.
    b. La resiliencia y la escucha activa.
    c. La empatía.
    **d. Todas las opciones son correctas.**

9. Indique cuál de las siguientes características no son necesarias en la comunicación efectiva.

    a. El mensaje sea entendido por el receptor.
    **b. El mensaje sea visible por el receptor.**
    c. La información llegue de una forma clara.
    d. La información llegue de una forma entendible.

10. ¿Qué son las Unidades de Igualdad?

Órgano directivo presente en todos los Ministerios cuyo cometido es el desarrollo de funciones relacionadas con el principio de igualdad entre mujeres y hombres en el ámbito de las materias de su competencia.

Solucionario 3

# Procesos de participación de mujeres y hombres y creación de redes para el impulso de la igualdad

 Solucionario Capítulo 1

1. **¿Para qué son útiles las técnicas participativas en la fase de planificación de las actuaciones?**

    a. Consensuar con las personas destinatarias.
    b. Comparar y analizar si se ha cumplido lo diseñado.
    c. Realizar los ajustes necesarios.
    **d. Asegurar la participación de todos los actores implicados.**

2. **Complete la siguiente oración:**

    La sociedad debe ser **igualitaria** y **equilibrada,** y debe permitir recoger las demandas de la ciudadanía. Por eso no se puede limitar la **autonomía** de las personas y conformar sociedades **asimétricas** en detrimento de un **género** u otro.

3. **En el Plan Estratégico para la Igualdad Efectiva de Mujeres y Hombres 2022-2025, ¿qué ejes desarrollan medidas para fomentar la participación equilibrada de mujeres y hombres?**

    a. 1
    b. 2
    c. 3
    **d. 4**

4. **¿Para qué se utiliza un árbol de problemas?**

    Para identificar los síntomas que dan cuenta de un problema, relacionándolos con las causas inmediatas y profundas del mismo.

5. Busque en la siguiente sopa de letras las fases de un proceso de participación ciudadana.

| O | I | A | D | D | R | C | R |
|---|---|---|---|---|---|---|---|
| E | N | D | E | B | A | T | E |
| V | F | F | V | L | E | O | V |
| A | O | A | O | R | J | A | I |
| L | R | I | L | L | E | U | S |
| U | M | U | U | A | C | H | I |
| A | A | R | C | C | U | I | O |
| C | C | J | I | T | C | G | N |
| I | I | C | O | C | I | N | I |
| O | O | M | N | O | O | T | O |
| N | N | N | E | I | N | E | N |

6. Relacione los siguientes mecanismos de colaboración para promover la participación con su utilidad.

    a. Plan Municipal de Igualdad de Oportunidades.
    b. Consejo Local de las Mujeres.
    c. Escuelas de empoderamiento.

    **c.** Promover la participación política y social de las mujeres y su liderazgo.
    **a.** Concretar la política local de igualdad.
    **b.** Cauce de participación de las asociaciones de mujeres con los poderes públicos.

7. Señale si las siguientes afirmaciones son verdaderas o falsas.

a. En un primer momento se propone la eliminación de las discriminaciones legislativas y posteriormente se ponen en marcha las acciones positivas.

☑ **Verdadero**
☐ Falso

b. La estrategia dual es anterior al mainstreaming de género.

☐ Verdadero
☑ **Falso**

c. Las dos premisas para llevar a la práctica el mainstreaming de género son identificar la realidad sin sesgo de género y desarrollar procesos sensibles al género.

☑ **Verdadero**
☐ Falso

8. ¿Qué son las acciones positivas?

Son medidas de carácter temporal, sistemáticas y flexibles que permiten corregir discriminaciones provenientes de prácticas o sistemas sociales y destinadas a establecer la igualdad de oportunidades.

9. El Índice de Concentración se define como...

a. ... la diferencia entre las tasas masculina y femenina en la categoría de una variable.
b. ... el porcentaje de un sexo con relación al otro.
c. **... el porcentaje de individuos con una característica determinada con relación a su grupo sexual.**
d. ... la representación de las mujeres con relación a los hombres para cualquier variable de análisis.

10. **¿Cuáles son los aspectos claves a tener en cuenta para establecer un mecanismo de seguimiento del trabajo de colaboración con los agentes del entorno?**

Los aspectos claves son un sistema de comunicación eficaz, quién son los responsables y qué se va a evaluar, los recursos disponibles y un calendario de actuaciones.

Solucionario Capítulo 2

1. Busque en la siguiente sopa de letras las etapas que recorren los grupos en su evo-
lución.

| F | S | A | E | N | R | E | S |
|---|---|---|---|---|---|---|---|
| L | E | G | S | M | E | I | O |
| E | M | O | U | A | I | E | M |
| X | T | T | C | D | N | A | I |
| I | A | A | J | U | S | T | E |
| N | Z | M | A | R | U | O | L |
| I | D | I | J | E | S | A | I |
| C | S | E | U | Z | I | M | C |
| I | F | N | B | R | V | Z | I |
| O | V | T | D | I | A | D | O |
| U | B | O | S | F | E | R | N |

2. El método investigación acción-reflexión...

a. ... considera a los participantes poseedores de recursos.
b. ... propicia espacios para el intercambio de experiencias.
c. ... se basa exclusivamente en técnicas participativas.
d. **... se desarrolla a partir de la participación activa de la comunidad.**

3. **Señale si las siguientes afirmaciones son verdaderas o falsas.**

   a. Si en el grupo hay una persona tímida que no se atreve a expresar su opinión, habría que intentar que verbalice sus opiniones y ver si coinciden con las del grupo.

      ☐ Verdadero
      ☑ **Falso**

   b. La persona que siempre se fija en los pequeños detalles debe comprender que a veces es necesario concretar y dejar avanzar al grupo.

      ☑ **Verdadero**
      ☐ Falso

   c. La persona optimista hace que el funcionamiento del grupo sea ameno y agradable.

      ☐ Verdadero
      ☑ **Falso**

4. **¿Qué es el movimiento de Hombres por la Igualdad?**

   Es un movimiento que pretende el cambio personal de los hombres hacia posiciones más igualitarias. En él se reconoce que a los hombres se les sitúan en una situación de ventaja por el mero hecho de serlo, estando dispuesto a perder privilegios para ganar en igualdad.

5. **Relacione las siguientes categorías con su significado.**

   a. Roles
   b. Espacios
   c. Estereotipos

   **b.** Ámbito privado y público
   **a.** Madre-esposa o proveedor
   **c.** Dependiente-independiente

6. ¿Es lo mismo sexo y género? Justifique su respuesta.

No, sexo se refiere a las diferencias biológicas (anatómicas y fisiológicas) entre mujeres
y hombres. Y género hace referencia a la construcción cultural que hace una sociedad
a partir de las diferencias biológicas. El sexo viene determinado por naturaleza, y en
función de él, la sociedad y la cultura influye en las personas atribuyendo a unas lo
femenino y a otras lo masculino.

7. Según la imagen estereotipada de género, ¿qué es lo obligado en los niños?

     a. Que sea sensible
     b. Que sea agresivo
     **c. Que sea fuerte**
     d. Que sea amable

8. Complete la siguiente frase.

Es necesario poner en valor nuevos patrones de comportamiento asociados **al género**
cuyo fin sea **reducir** las **diferencias** entre hombres y mujeres, y que la mayor parte de la
sociedad se **comporte** y **piense** bajo estos valores.

9. Una persona asertiva es aquella que...

     a. ... no defiende sus propios derechos.
     **b. ... confía en sí misma y es respetada por los demás.**
     c. ... no es capaz de conseguir aquello que se propone.
     d. ... defiende su mensaje por encima de los demás.

10. ¿Cómo se transforma el orden de género vigente?

Impulsando programas y proyectos con perspectiva de género, promoviendo el empoderamiento, favoreciendo la participación paritaria de mujeres y hombres y aplicando
acciones positivas.

Solucionario Capítulo 3

1. **¿A qué nivel de actuación se hace referencia cuando se habla de los Centros Asesores de la Mujer?**

      a. A nivel autonómico
      b. A nivel privado
      **c. A nivel local**
      d. A nivel estatal

2. **Relacione a qué tipo de red corresponde según el aspecto tenido en cuenta.**

      a. Quiénes la forman
      b. Lo que se convoca
      c. La estructura
      d. El medio de comunicación

      **b.** Redes temáticas y territoriales.
      **d.** Redes presenciales y telemáticas o virtuales.
      **a.** Redes de personas, colectivos u organizaciones y mixtas.
      **c.** Verticales, horizontales y distribuidas.

3. **Ante cualquier problema o cuestión que se plantee a nivel participativo, ¿cuál es el primer paso a realizar?**

Observar las circunstancias que rodean a ese problema o cuestión porque permitirán conocer la realidad, identificar necesidades, anotar demandas y escuchar las ideas y los intereses de las personas.

**4. Busque en la siguiente sopa de letras los elementos de un plan de acción.**

| A | Q | U | C | L | M | T | A | O |
|---|---|---|---|---|---|---|---|---|
| S | U | E | O | B | J | I | R | Q |
| R | I | U | N | G | R | E | D | U |
| E | D | T | T | A | E | M | Z | I |
| C | P | A | E | U | M | P | F | E |
| U | I | E | N | O | I | O | I | N |
| R | U | H | I | C | V | S | R | E |
| S | R | O | D | A | I | B | C | S |
| O | S | L | O | B | N | A | O | E |
| S | O | B | J | E | T | I | V | O |

**5. Complete la siguiente frase.**

En las redes sociales las distancias y las formas son **irregulares** y siempre hay nudos **más visibles** que otros. Las redes sociales están **vivas** y poseen una o varias **metas** en común.

**6. ¿Para qué sirven los grupos de apoyo?**

Los grupos de apoyo sirven para mejorar la autoestima y la confianza, permiten avanzar en la construcción de un modelo de sociedad diferente al que se tiene y proporcionan oportunidades como las de acceder a más información, trabajar en equipo, etc.

7. **Señale si las siguientes afirmaciones son verdaderas o falsas.**

   a. Aplicar la perspectiva de género significa facilitar procesos de empoderamiento en todas las áreas, sin importar si las mujeres están infrarrepresentadas.

      ☐ Verdadero
      ☑ **Falso**

   b. Aplicar la perspectiva de género significa sensibilizar e implicar, conocer las diferencias de género, evaluar y redefinir las políticas y medidas planteadas.

      ☑ **Verdadero**
      ☐ Falso

   c. Aplicar la perspectiva de género implica detectar los problemas que se derivan de la construcción de género de las personas y adaptar las intervenciones a tales diferencias o problemas.

      ☑ **Verdadero**
      ☐ Falso

8. **¿En la fase de diagnóstico de un proyecto habrá que preguntarse...**

   a. ... si los objetivos proponen cambiar situaciones de discriminación por sexo.
   b. **... si se ha desagregado la información por sexo.**
   c. ... si se hace un uso no sexista del lenguaje.
   d. ... si se han previsto acciones positivas que favorezcan la participación de ambos sexos.

9. **¿Qué estereotipos deben tenerse en cuenta a la hora de asesorar y acompañar en la participación en el empleo de las mujeres?**

   Los estereotipos a tener en cuenta son los relacionados con la disponibilidad, con la capacidad y con las ocupaciones.

10. ¿Qué nivel de intervención es el más adecuado ante una atención para dinamizar el tejido asociativo?

    a. **Personalizado y continuo**
    b. Intermedio
    c. Inicial o básico
    d. Externo

Solucionario Capítulo 4

1. **Complete la siguiente frase.**

La igualdad **formal** y **legal** existe entre los Estados Miembros de la Unión Europea, los sistemas políticos no **discriminan** intrínsecamente la representación femenina pero no por eso **aumentan** la representación de las mujeres en las esferas del **poder.**

2. **Busque en la siguiente sopa de letras las necesidades de empoderamiento.**

| I | R | P | N | U | S | M | O | S | A |
|---|---|---|---|---|---|---|---|---|---|
| C | P | E | R | S | O | N | A | L | N |
| S | O | R | L | I | C | T | B | D | G |
| A | L | E | H | D | P | O | C | E | O |
| I | I | S | M | S | O | C | I | A | L |
| U | T | L | B | L | P | F | L | R | E |
| N | I | R | T | A | T | R | O | A | L |
| E | C | O | N | O | M | I | C | O | D |
| E | O | L | N | I | O | T | C | S | A |
| P | I | A | V | S | I | E | A | O | M |

3. **Relacione el significado con cada uno de los elementos que forman las competencias de una persona.**

   a. Conocimientos
   b. Habilidades
   c. Aptitudes
   d. Actitudes

<u>**c.**</u> Lo que puede o no puede hacer.
<u>**b.**</u> Lo que se sabe hacer o no se sabe hacer.
<u>**a.**</u> Lo que se sabe o no se sabe.
<u>**d.**</u> Lo que se quiere o no se quiere hacer.

**4. ¿Qué es la inteligencia emocional?**

Se refiere a la capacidad de reconocer, entender, controlar y modificar los sentimientos propios y de los demás. A través de la información que proporcionan las emociones se define lo que se es, lo que se percibe y lo que se siente.

**5. ¿Cómo se puede lograr una comunicación efectiva con la sociedad?**

Conociendo las opiniones de las personas a las que habrá que dirigirse, hablando su mismo lenguaje, de los problemas y situaciones que más les preocupan y hablando de un modo breve y concreto.

**6. ¿Cuál de las siguientes opciones no es un área estratégica definida en la Plataforma de Acción Beijing?**

a. La mujer y la salud.
b. La mujer en el ejercicio del poder y la adopción de decisiones.
**c. La mujer y las nuevas tecnologías.**
d. La violencia contra la mujer.

**7. Señale si las siguientes afirmaciones son verdaderas o falsas.**

a. Las necesidades prácticas de género no implican el cuestionamiento ni transformación de los roles de género.

☑ **Verdadero**
☐ Falso

b. Los intereses estratégicos de género son más difíciles de observar, debido a factores culturales.

☑ **Verdadero**
☐ Falso

c. Las necesidades prácticas están orientadas a la búsqueda de la igualdad entre mujeres y hombres.

☐ Verdadero
☑ **Falso**

**8. Un estereotipo femenino puede ser el de...**

a. ... la agresividad.
b. ... la valentía.
**c. ... la ternura.**
d. ... la eficacia.

**9. ¿Qué es la e-igualdad?**

Es una estrategia a través de la cual mujeres y hombres se pueden beneficiar de un modo similar de las ventajas y oportunidades que ofrece la sociedad de la información.

**10. Las decisiones operativas son aquellas que...**

**a. ... se toman a corto plazo y son más repetitivas.**
b. ... se toman por falta de respuestas.
c. ... facilitan la consecución de los objetivos a nivel estratégico.
d. ... son complejas y tienen una gran importancia a medio y largo plazo.

# Análisis del entorno laboral y gestión de relaciones laborales desde la perspectiva de género

Solucionario Capítulo 1

1. ¿Cuál de las siguientes personas fue la primera en usar los términos sexo-género?

    **a. Gayle Rubin**
    b. Vicky Meynen
    c. Virginia Vargas
    d. Jacobsen

2. Señale si las siguientes afirmaciones son verdaderas o falsas.

    a. A partir de la década de los 70 se produce una explosión en los estudios de historia desde la perspectiva feminista.

        ☑ **Verdadero**
        ☐ Falso

    b. La Organización Internacional del Trabajo realiza una definición de discriminación directa e indirecta.

        ☑ **Verdadero**
        ☐ Falso

    c. Según Jacobsen la discriminación en el trabajo se produce cuando las personas no tienen la misma productividad.

        ☐ Verdadero
        ☑ **Falso**

3. **Complete el siguiente enunciado:**

El trabajo **remunerado** se asigna a los **hombres** y el no remunerado a las **mujeres**, lo que originó que fueran los hombres los que representarán en mayor medida la **fuerza de trabajo** o mano de obra, como consecuencia la **organización** del trabajo se estableció de tal modo que se asumió que los trabajadores eran hombres y que estos con sus ingresos debían sostener a las **mujeres**.

**4. Encuentre en la siguiente sopa de letras 5 palabras clave en relación con el empleo.**

| E | S | T | R | A | B | A | J | O | A | N |
|---|---|---|---|---|---|---|---|---|---|---|
| M | F | D | Y | U | E | X | V | N | O | N |
| P | R | I | W | Y | U | I | O | I | S | F |
| L | R | A | H | J | I | O | C | Z | A | C |
| E | V | G | C | X | E | A | S | T | A | N |
| O | A | N | X | V | G | N | M | V | D | B |
| C | H | O | R | E | T | U | I | S | A | A |
| I | K | S | R | U | E | T | U | R | E | W |
| O | J | G | L | F | E | D | S | S | L | R |
| N | E | P | A | R | A | D | A | S | P | E |
| S | R | C | B | T | U | I | O | P | M | I |
| I | D | O | T | Y | E | C | W | M | E | V |

**5. Relacione los siguientes elementos:**

    a. Situaciones en las que se produce una interacción directa con alto contenido sexual.

    b. Situaciones en las que se producen contactos físicos no deseados y presión verbal directa.

    c. Expresiones verbales públicas vejatorias para la persona acosada.

    **c.** Acoso leve

    **a.** Acoso Grave

    **b.** Acoso muy grave

6. Señale la definición de currículo oculto según Torres.

El currículum oculto funciona de manera implícita a través de los contenidos culturales, las rutinas, interacciones y tareas escolares. No es el fruto de una planificación "conspirativa" del colectivo docente. Por lo que es importante señalar que, normalmente, da como resultado una reproducción de las principales dimensiones y peculiaridades de nuestra sociedad.

7. Señale cuál de las siguientes no es una normativa comunitaria en materia de género.

   a. Informe (2007/2117 (INI)) sobre la situación de la mujer en las zonas rurales.
   b. Declaración sobre el Derecho al Desarrollo.
   c. Convención sobre la Eliminación de todas las formas de Discriminación Contra las Mujeres (CEDAW).
   d. Tratado de Ámsterdam (1997).
   e. Tratado de Roma.
   **f. Ley 30/2003, de 13 de octubre, sobre medidas para incorporar la valoración del impacto de género en las disposiciones normativas que elabore el Gobierno.**
   g. Carta de los Derechos Fundamentales.

8. En el desarrollo de las políticas locales de igualdad, ¿qué es el concepto de interseccionalidad?

   a. El enfoque feminista que considera la igualdad entre mujeres y hombres como un derecho fundamental.
   b. Es la creencia de que las políticas de igualdad son responsabilidad específica de un área concreta.
   **c. Es aquel que no considera al conjunto de mujeres y hombres como grupos homogéneos, sino que las situaciones en cuanto al género se diferencian según la interacción con otras variables.**
   d. Hace referencia a la equidad de género en las políticas de igualdad en el ámbito local.

9. **Complete la siguiente frase:**

El *mainstreaming* de género se puede definir como la organización (reorganización), la mejora, el desarrollo y la evaluación de los procesos **políticos,** de modo que una perspectiva de **igualdad de género** se incorpore en todas las políticas, a todos los niveles y en todas las etapas, por los actores normalmente involucrados en la **adopción** de medidas políticas.

10. **¿En qué dos formas están recogidas las acciones positivas en la Ley Orgánica para la Igualdad Efectiva de Mujeres y Hombres?**

Se recogen de las dos formas siguientes:

1. En la adopción de medidas específicas por parte de los poderes públicos a favor de las mujeres para corregir situaciones patentes de desigualdad de hecho respecto de los hombres. Dichas medidas serán aplicables en tanto que persistan las desigualdades, deberán ser proporcionadas y razonables en relación con el objetivo que se persiga.
2. Se indica asimismo que las personas físicas y jurídicas privadas podrán adoptar este tipo de medidas en los términos establecidos en la presente ley.

Solucionario Capítulo 2

1. ¿Cuál es el concepto de trabajador/a según el Estatuto de los Trabajadores?

Quien voluntariamente preste sus servicios retribuidos por cuenta ajena y dentro del ámbito de organización y dirección de otra persona, física o jurídica, denominada empleador o empresario.

2. Señale si las siguientes afirmaciones son verdaderas o falsas.

   a. Los funcionarios públicos se consideran como trabajadores/as por cuenta ajena y se encuentran acogidos dentro del Régimen General.

      ☐ Verdadero
      ☑ **Falso**

   b. El trabajo a domicilio está recogido/a dentro del Estatuto del Trabajo Autónomo.

      ☐ Verdadero
      ☑ **Falso**

   c. El concepto de ajenidad es el que mayor significado otorga a la hora de determinar el concepto de trabajador por cuenta ajena.

      ☑ **Verdadero**
      ☐ Falso

3. Complete el siguiente enunciado:

Los itinerarios integrados de inserción laboral se podrían definir como "el **conjunto** integral de actuaciones consensuadas entre el **mediador laboral** y la persona demandante de empleo, que tiene como objetivo la mejora de la **empleabilidad** de la persona que demanda empleo para conseguir la inserción **laboral** y **social** de la misma".

4. **Encuentre en la siguiente sopa de letras 5 palabras clave en la identificación de las ofertas de empleo.**

| E | S | O | F | E | R | T | A | O | A | C | Ñ | N |
|---|---|---|---|---|---|---|---|---|---|---|---|---|
| M | F | D | Y | U | E | X | D | N | O | V | T | M |
| P | R | I | W | Y | U | I | N | I | S | V | E | E |
| L | R | A | H | J | I | O | A | Z | A | R | C | R |
| E | V | G | C | X | E | A | M | T | A | E | S | C |
| O | A | N | X | V | G | N | E | V | D | A | X | A |
| C | H | O | R | E | T | U | D | S | A | U | W | D |
| I | N | T | E | R | M | E | D | I | A | R | I | O |
| O | J | G | L | F | E | D | S | S | L | P | B | R |
| N | E | P | D | E | S | A | J | U | S | T | E | E |
| S | R | C | B | T | U | I | O | P | M | I | Z | I |
| I | D | O | T | Y | E | C | W | M | E | R | Z | V |

5. **Relacione los siguientes elementos:**

a. Medida de fomento de empleo que pretende facilitar la puesta en marcha de iniciativas de autoempleo que consistan en iniciar una actividad laboral como trabajador por cuenta propia o en incorporarse como socio trabajador o de trabajo en cooperativas o sociedades laborales o mercantiles en funcionamiento o de nueva creación.

b. Reducciones y bonificaciones a la Seguridad Social según lo establecido en el Real Decreto-ley 13/2022, de 26 de julio.

**b.** Fomento del trabajo autónomo

**a.** Capitalización o pago único

6. **¿Cuáles son los objetivos de la Estrategia para la igualdad de género 2020-2025?**

   ▌ Ni violencia ni estereotipos.
   ▌ Prosperar en una economía con igualdad de género.
   ▌ Igualdad en los puestos de mando en todos los ámbitos de la sociedad.
   ▌ Integración de la perspectiva de género y la perspectiva interseccional en las políticas de la UE.
   ▌ Acciones de financiación para avanzar en la igualdad de género en la UE.
   ▌ Abordar la igualdad de género y el empoderamiento de las mujeres en todo el mundo.

7. **Señale cuál de los siguientes enunciados no forma parte de los cuatro ejes básicos de actuación en el Plan estratégico de igualdad entre mujeres y hombres para 2022-2025.**

   a. Buen gobierno.
   b. **Entorno libre de digitalización.**
   c. Un país con derechos efectivos para todas las mujeres.
   d. Economía para la vida y reparto justo de la riqueza.

8. **Complete el siguiente texto:**

   El resultado de dicha entrevista de inserción sociolaboral puede originar dos situaciones diferenciadas:

   1. La **persona beneficiaria se muestra interesada,** se realiza un diagnóstico de la situación y problemática que presenta la persona para definir los objetivos, contenidos y actividades de su plan de trabajo individual.
   2. **El resultado de esta entrevista puede dar lugar a determinar que la persona no requiere una situación integral para mejorar su situación o se desaconseja su participación en el itinerario y puede ser derivado a otros servicios que atiendan mejor a las problemáticas detectadas.**

### 9. ¿Cuáles son las fases del plan de trabajo del itinerario de inserción sociolaboral?

▌ En primer lugar se deberá partir de las necesidades de la persona. Será necesario establecer qué es lo que se quiere y cuáles son los resultados que espera obtener con la intervención.

▌ Una vez realizado el diagnóstico inicial será el personal técnico el encargado de entregar a la persona beneficiaria una devolución precisa de los resultados obtenidos.

▌ A partir de esta devolución se plantean los objetivos de intervención que se priorizarán dependiendo de las necesidades de las personas usuarias.

▌ Todo el proceso se plasmará en un acuerdo, entre el personal técnico y la persona usuaria.

### 10. Ordene las fases del proceso de intermediación laboral.

**3.** El personal técnico encargado de la intermediación deberá contactar con la empresa para conocer el resultado de la selección y, en su caso, dará información sobre los motivos para la no contratación de las candidaturas presentadas.

**1.** El personal técnico será el encargado de realizar una prospección de las necesidades de las empresas, para ello se podrán establecer reuniones con las asociaciones empresariales que sirvan para identificar compañías o sectores en los que se pueda producir la necesidad de mano de obra.

**4.** Con la contratación de la persona beneficiaria no terminará el proceso de intermediación, ya que debería realizarse un seguimiento de la persona trabajadora así como de la satisfacción de la empresa.

**2.** Se realizará una selección de aquellos perfiles profesionales que sean adecuados para dar cobertura al puesto ofertado. Una vez reunidos dichos perfiles se hará entrega de los mismos al personal o responsable de recursos humanos y se trasmitirán las habilidades que posean en relación al desempeño del puesto de trabajo.

 Solucionario Capítulo 3

1. **¿En qué consiste la conciliación de la vida laboral, personal y familiar?**

La conciliación de la vida personal, laboral y familiar consiste en una estrategia que va a facilitar la igualdad efectiva entre mujeres y hombres. Está encaminada a conseguir una reorganización del sistema social y económico donde mujeres y hombres puedan hacer compatibles las diferentes etapas de su vida: empleo, familia, ocio y tiempo personal.

2. **Señale si las siguientes afirmaciones son verdaderas o falsas.**

a. En aquellos países en los que es más difícil conciliar vida laboral y social las tasas de empleo de las mujeres suelen ser más bajas.

☑ **Verdadero**
☐ Falso

b. En los países donde existen mayores niveles de conciliación se han incrementado las tasas de natalidad.

☑ **Verdadero**
☐ Falso

c. La preocupación por la conciliación y corresponsabilidad no se encuentra directamente relacionada con el crecimiento económico.

☐ Verdadero
☑ **Falso**

3. **Complete el siguiente enunciado:**

La conciliación consistirá por lo tanto en la **creación** de una **estructura** y **organización** del entorno laboral que facilite a mujeres y hombres la **combinación** del trabajo, las responsabilidades familiares y la vida personal.

**4.** Encuentre en la siguiente sopa de letras 5 palabras clave sobre la conciliación.

| C | S | O | F | E | R | T | A | O | A | C | Ñ | R |
|---|---|---|---|---|---|---|---|---|---|---|---|---|
| O | F | D | Y | U | E | X | D | N | O | V | E | E |
| M | R | I | W | Y | U | I | N | I | S | P | E | A |
| P | R | A | H | J | I | O | A | Z | A | R | C | J |
| A | V | G | C | X | E | A | M | R | A | E | S | U |
| R | A | N | X | V | G | N | T | V | D | A | X | S |
| T | H | O | R | E | T | I | D | S | A | U | W | T |
| I | N | T | E | R | R | E | D | I | A | R | I | A |
| R | E | O | R | G | A | N | I | Z | A | R | B | R |
| N | E | P | D | E | S | A | J | U | S | T | E | E |
| S | R | C | B | T | U | I | O | P | M | I | Z | I |
| R | E | E | S | T | R | U | C | T | U | R | A | R |

**5.** Relacione los siguientes elementos:

   a. Permiso de 16 semanas para cada progenitor.
   b. Permiso de 1 hora hasta que el menor tenga 9 meses.
   c. Período de ausencia por cuidado de hijos/as menores o familiares hasta el segundo grado de consanguinidad o afinidad.

   **a.** Nacimiento y cuidado de menor
   **b.** Permiso por cuidado del lactante
   **c.** Excedencia

6. **¿Cuáles son las ayudas recogidas para las personas trabajadoras por cuenta propia en el Estatuto del trabajo autónomo?**

   a. Una bonificación del 100 % en la cuota de autónomos durante los períodos de descanso por nacimiento, adopción, guarda con fines de adopción, acogimiento, riesgo durante el embarazo o riesgo durante la lactancia natural.
   b. Una bonificación del 100 % sobre la cuota, durante un año como máximo, por cuidado de menores de 12 años a cargo, por familiar dependiente a cargo o por familiar con parálisis cerebral, enfermedad mental o discapacidad intelectual.
   c. Una bonificación del 80 % de la cuota para las trabajadoras que hayan cesado en su actividad por nacimiento de hijo/a, adopción, guarda con fines de adopción, acogimiento y tutela, que hayan reiniciado su actividad pro cuenta propia en los dos años siguientes a la fecha de cese. Esta bonificación se aplica durante los dos años siguientes a la reincorporación.

7. **Los beneficios de la corresponsabilidad en la empresa derivados de la conciliación en el ámbito laboral, tienen una serie de implicaciones. ¿Cuál de las siguientes no es una de ellas?**

   a. Mejoran las relaciones y el clima laboral en la empresa.
   b. Aumenta la productividad.
   c. **Aumenta el absentismo laboral.**
   d. Crece la implicación y compromiso de la plantilla.

8. **Complete el siguiente texto:**

   La gestión de la conciliación en la empresa va a implicar un nuevo modelo en la gestión de **los tiempos de trabajo.** Al ser estos tiempos más flexibles se reducirán los tiempos muertos o poco productivos y se planificarán las tareas en base a la **consecución de objetivos,** de manera que la flexibilidad en la gestión repercute en una **optimización de los recursos** y una mejora en los **resultados empresariales.**

9. **¿Cuáles son los beneficios de la corresponsabilidad para las personas trabajadoras?**

   ▌ Incrementa la calidad de vida.
   ▌ Disminuye el estrés personal.
   ▌ Aumenta la estabilidad laboral y permite el desarrollo profesional de los trabajadores.

▌ Disminuye la exclusión social.
▌ Posibilita tiempo para el enriquecimiento personal.
▌ Mejora la autoconfianza, autoestima y equilibrio emocional.

**10. Ordene las fases de la implementación de Planes de Igualdad en las entidades locales.**

__1.__ Fase de investigación y diagnóstico
__3.__ Fase de seguimiento y evaluación
__2.__ Fase de priorización y planificación
__4.__ Fase de aprobación del plan

Solucionario 5

# Análisis y actuaciones en diferentes contextos de intervención (salud y sexualidad, educación, ocio, deporte, conciliación de la vida personal, familiar y laboral, movilidad y urbanismo y gestión de tiempos)

## Solucionario Capítulo 1

1. **Determine si la siguiente oración es verdadera o falsa:**

   a. La posibilidad de acceso a los recursos de ocio o sanitarios se puede definir como factores gubernamentales que determinan la calidad de vida.

      ☑ **Verdadero**
      ☐ Faso

2. **Relacione los siguientes elementos:**

   a. Factores relacionales
   b. Factores ambientales
   c. Factores materiales
   d. Bienestar personal

   **a.** Redes sociales
   **b.** Grado de seguridad en la zona
   **c.** Posición en el mercado laboral
   **d.** Predisposición para disfrutar

3. **En lo que respecta a los espacios y tiempos asociados a género, explique la diferencia entre espacio privado y público.**

   El espacio público se identifica con la vida productiva (laboral, social, política y económica). El espacio público está relacionado directamente con el reconocimiento y la vida social. A lo largo de los tiempos se ha relacionado de forma más directa y visible con la figura masculina.

   El espacio privado puede ser definido como aquel espacio que permite ocuparse de sí mismo, parcela de la que disfrutan principalmente los hombres después de su desempeño laboral en el ámbito público.

   Este espacio privado para la mujer queda relegado básicamente al cuidado del hogar o los hijos, inclusive después de su participación en el espacio público o bien de forma exclusiva si no está participando activamente en el ámbito laboral.

4. **Las actividades que se desarrollan en el espacio privado en comparación con las referidas al espacio público son:**

    a. Más valoradas socialmente las del espacio privado.
    b. **Menos valoradas socialmente las del espacio privado.**
    c. Igualmente valoradas las que se desarrollan en los dos espacios.
    d. Hay diferencias en este aspecto según los autores que las estudian.

5. **¿Cuál de las siguientes no es una dimensión de la clasificación que hace el Instituto Europeo de la Igualdad de Género para generar el índice Gender Equality Index?**

    a. Trabajo
    b. Economía
    c. Salud
    d. **Empoderamiento**

6. **Complete la siguiente frase.**

El hecho de que **las mujeres** ocupen mayoritariamente las jornadas a tiempo parcial está relacionado directamente con la **corresponsabilidad.**

7. **Determine los modos en los que el Observatorio de Igualdad estructura la brecha digital de género y defina brevemente uno de ellos.**

La brecha digital de género comprende:

- Primera brecha digital de género.
- Segunda brecha digital de género.
- Tercera brecha digital de género.

Primera brecha digital de género. Se refiere a las desigualdades existentes en las posibilidades materiales de acceso a las TIC. Según los datos de este estudio casi no existe brecha en la disponibilidad en el hogar de TV y telefonía fija. En cuanto a la telefonía móvil se detecta diferencia generacional, siendo mayor en las mujeres que en los hombres. En la presencia de ordenador o internet en el hogar también existe diferencia generacional, aunque esta es mayor al alcanzar el 60 %. Por tanto, el acceso a un ordenador y a Internet muestra una estratificación generacional con diferencias de hasta el 80 %.

Segunda brecha digital de género. Está relacionada con las asimetrías importantes que ciertos colectivos tienen en cuanto al uso de las TIC, aun disponiendo de acceso material a ellas. Este estudio se centra en el cómo y el para qué se usan las tecnologías y en los resultados obtenidos. Analizando el cómo se usan, se pone de manifiesto que en determinadas habilidades o competencias existe una desigualdad generacional importante siendo en algunas actividades específicas, mayor entre las mujeres que entre los hombres. Analizando, el para qué se usan, se detecta que las mujeres utilizan las TIC para obtener resultados relacionados con la salud y la educación, mientras que los hombres tienden al ámbito tecnológico, en su mayoría.

Tercera brecha digital de género. Se refiere al impacto que los resultados de las prácticas digitales tienen sobre las posibilidades de participación social, económica, cultural, política, etc., del usuario. En este estudio se investiga el alcance de los efectos y las posibles desigualdades entre colectivos en cuanto a los beneficios derivados del uso de las TIC. Más concretamente, se centra en la relación entre el nivel de habilidades digitales y el empleo remunerado.

8. **Relacione los siguientes elementos:**

   a. Primera brecha digital de género
   b. Segunda brecha digital de género
   c. Tercera brecha digital de género

   **c.** Impacto de los resultados de las prácticas digitales.
   **a.** Acceso material a las TIC.
   **b.** Uso de las TIC: habilidades digitales y motivos de uso.

9. **Elija la opción que mejor define a los indicadores de género.**

   a. **Son las medidas específicas que permiten evidenciar y cuantificar las desigualdades existentes entre hombres y mujeres en un contexto determinado (salud, deporte, urbanismo, laboral, etc.).**
   b. Son los valores subjetivos que permiten cuantificar las desigualdades entre hombre y mujeres en un contexto determinado (salud, deporte, urbanismo, laboral, etc.).
   c. Los indicadores de género son las variables subjetivas que nos indican las diferencias de género.
   d. Comprende los aspectos que indican en qué porcentaje se dan las diferencias de género en cada ámbito social.

10. **Mencione los ejemplos que se le ocurran sobre indicadores deportivos de género (dos o tres ejemplos).**

- El uso que se hace del lenguaje y de las imágenes en las campañas deportivas.
- Mostrar referentes masculinos y femeninos en cada deporte. Así, por ejemplo, asociar el fútbol o el balonmano con la figura masculina, mientras la gimnasia rítmica o la natación se relacionan con la mujer.
- Mayor publicidad de deportes practicados por hombres como es el caso del fútbol.
- Disponibilidad de peñas deportivas y asociaciones formadas por ambos sexos.
- Asociar los beneficios del ejercicio al aire libre para la salud física y psíquica.
- Presupuesto económico equitativo destinado a fomentar el deporte relacionado con mujeres y hombres.
- Igualdad en la publicidad de deportes.
- El liderazgo, entendido como la posibilidad de contar con entrenadoras para los equipos tanto femeninos como masculinos.
- Número de chicas y chicos que solicitan participar en las actividades organizadas por el Área de Deportes de la Administración.

**Solucionario Capítulo 2**

1. **Indique si la siguiente afirmación es verdadera o falsa:**

    a. En cuanto a los organismos responsables de organizar los recursos y servicios para la efectiva igualdad de género, se puede afirmar que se gestionan a nivel europeo para materializarse a nivel nacional, autonómico y local.

        ☑ **Verdadero**
        ☐ Falso

2. **Dentro de los programas de fomento del ocio y tiempo libre propuestos por el Instituto de las Mujeres se encuentran programas de cine que impulsan la participación de las mujeres en el cine español. Un ejemplo de ello sería:**

    a. **El denominado "Mujeres de cine" en el que se dan a conocer largometrajes y cortometrajes españoles realizados por mujeres.**
    b. El conocido como "Mujeres al poder" que promueve la lucha de las mujeres en el cine y la cultura general.
    c. El llamado "Cine" que pretende que se unifique el porcentaje de producciones de mujeres y hombres en el cine.
    d. Las respuestas a y b son correctas.

3. **Señale dos de las leyes más importantes y populares en el ámbito del marco normativo sobre recursos en igualdad de género:**

    a. Ley 2000/25 sobre Igualdad de Género en España.
    b. Ley Orgánica 3/2007, de 22 de marzo, para la Igualdad Efectiva de Mujeres y Hombres.
    c. Plan Estratégico para la Igualdad Efectiva de Mujeres y Hombres 2022-2025.
    d. **Las respuestas b y c son correctas.**

4. **Relacione los siguientes términos:**

    a. Libro Blanco
    b. Libro Verde
    c. Agenda 2030

<u>**b.**</u> Medio Ambiente

<u>**c.**</u> Desarrollo Sostenible

<u>**a.**</u> Transporte

5. **Indique si la siguiente afirmación es verdadera o falsa:**

a. Entre las medidas para fomentar el asociacionismo femenino están las subvenciones dirigidas a desarrollar programas para mujeres del ámbito rural, marítimo y pesquero.

☑ **Verdadero**

☐ Falso

6. **Las áreas del Plan de Calidad actual son:**

a. **Protección, prevención y promoción de la salud, fomento de la equidad, ayuda en el desarrollo de los recursos humanos en salud, excelencia clínica, fomento de las nuevas tecnologías de la información y la comunicación con la intención de mejorar la atención y aumento de la transparencia y claridad.**

b. Protección, prevención y promoción de la salud, fomento de la equidad, ayuda en el desarrollo de los recursos humanos en salud, excelencia clínica.

c. Excelencia clínica, fomento de las nuevas tecnologías de la información y la comunicación con la intención de mejorar la atención y aumento de la transparencia y claridad.

d. Excelencia clínica, fomento de las nuevas tecnologías de la información y la comunicación con la intención de mejorar la atención, conciliación laboral y aumento de la transparencia y claridad.

7. **El informe sobre esperanza de vida de la OMS muestra como resultados:**

a. La esperanza de vida en la mujer es relativamente inferior que en el hombre.

b. La esperanza de vida es un concepto complejo que no se aborda actualmente.

c. **La esperanza de vida es mayor en las mujeres pero la calidad de esa vida es deficiente.**

d. La esperanza de vida es un constructo igualitario en hombres y mujeres.

8. **Las asociaciones de mujeres más típicas en el ámbito rural son las denominadas:**

      a. Asociaciones de ámbito productivo.

      b. Asociaciones de bienestar social y género.

      **c. Asociaciones de economía doméstica.**

      d. Asociaciones con fines sectoriales.

9. **De entre las siguientes actuaciones, ¿cuáles son importantes de cara a la difusión de medidas para potenciar la igualdad de género?**

      a. Fomento de programas de innovación y desarrollo enfocados a las desigualdades en materia de género.

      b. Formación profesional inicial especializada en género para los diferentes sectores de trabajo.

      c. Fortalecimiento de las redes sociales en el desarrollo y difusión de programas continuos en temática de género e igualdad.

      **d. Todas las opciones son correctas.**

10. **Relacione cada medida o campaña con su temática:**

      a. "Yo soy del sexo seguro"

      b. "ConSENTIDO"

      c. "Iguales porque lo somos"

      d. Festival "Ellas crean"

      **b.** Sexualidad

      **c.** Deporte

      **d.** Cultura

      **a.** Salud

## Solucionario Capítulo 3

1. **Entre las actuaciones que se realizan para sensibilizar y divulgar la corresponsabilidad destacan:**

   a. Campañas de sensibilización a la población general.
   b. Charlas divulgativas para concienciar a jóvenes.
   c. Folletos divulgativos.
   **d. Todas las opciones son correctas.**

2. **Indique si la siguiente afirmación es verdadera o falsa:**

   a. Destacando como medida divulgativa de la corresponsabilidad las charlas a menores, se entiende que una de las actividades pueden ser las representaciones teatrales en las que puedan participar como personajes los mismos alumnos.

   ☑ **Verdadero**
   ☐ Falso

3. **Dentro de las Ayudas para el fomento de la conciliación que gestiona el Instituto de las Mujeres (IMs) y la Federación Española de Municipios y Provincias (FEMP). Existen dos modalidades, ¿cuáles son y en qué consisten?**

   ▌ Modalidad A: dirigida a apoyar la elaboración de Planes, Estrategias y otras Actuaciones de Igualdad para la construcción de marcos sobre los que se instalen las acciones que promuevan la igualdad en los municipios de menor población.
   ▌ Modalidad B: dirigida a impulsar acciones específicas que promovieran la Conciliación de la vida personal, familiar y laboral y la Corresponsabilidad entre mujeres y hombres en municipios con población de entre 10.001 y 100.000 habitantes y que contaran con planes estratégicos de igualdad y conciliación.

4. **El trabajo no remunerado comprende:**

   a. Cuidados personales y quehaceres del hogar.
   b. **Cuidados personales, quehaceres domésticos del hogar, tareas de cuidado (niños, personas enfermas, dependientes) y trabajo voluntario, como el que se realiza en las comunidades, fundaciones de ayudas sociales, organizaciones religiosas, patronatos escolares...**
   c. Cuidados personales, quehaceres del hogar y trabajo voluntario.
   d. Únicamente cuidado de los hijos menores de edad.

5. **Complete la siguiente oración.**

   Algunos estudios demuestran que la cantidad de trabajo total que mujeres y hombres dedican al trabajo en sentido remunerado más no remunerado es superior en **la mujer.**

6. **El trabajo doméstico se caracteriza por:**

   a. Ser un trabajo con escasa remuneración económica.
   b. **Ser un trabajo sin remuneración monetaria, que no está valorado social ni económicamente, que no tiene horario delimitado ni reglamento y que no produce reconocimiento ni ningún tipo de derecho.**
   c. Carecer de hombres que lo desempeñen.
   d. Ser un trabajo compartido en algunos países nórdicos por hombres y mujeres.

7. **El programa CO-RESPONDE, cuya finalidad es potenciar la corresponsabilidad, es desarrollado por:**

   a. La Asociación de mujeres a favor de la corresponsabilidad.
   b. **La Asociación de hombres por la igualdad de género (AHIGE).**
   c. La Asociación de mujeres feministas de España.
   d. Es un programa irreal.

8. **Relacione las siguientes actividades con las características que las definen.**

   a. Necesidades fisiológicas
   b. Actividades de ocio
   c. Actividades de estudio y trabajo
   d. Otras englobadas en "pasar el rato"

**c.** Se le suele dedicar un cuarto de la jornada

**d.** Tiempo dedicado a tareas no específicas

**b.** Relacionadas con nuestros gustos o deseos

**a.** Se le dedica la mitad de la jornada

9. **En lo que respecta a las repercusiones del trabajo no remunerado en la mujer, relacione las repercusiones con aquello que las caracteriza:**

   a. Repercusiones socioeconómicas

   b. Repercusiones personales

   c. Repercusiones familiares

   **b.** Insatisfacción, culpabilidad, inutilidad.

   **c.** Insatisfacción en las relaciones de pareja.

   **a.** Menor disponibilidad de ingresos propios.

10. **Entre los beneficios de la corresponsabilidad se encuentran:**

    a. Mejora la calidad de vida y el bienestar de las personas.

    b. Estimula la igualdad de oportunidades entre hombres y mujeres y ayuda a fortalecer el sistema democrático.

    c. Impide la participación compartida entre ambos sexos.

    **d. Las opciones a y b son correctas.**

Solucionario Capítulo 4

1. Entre las líneas básicas que definen los aspectos biopsicosociales de género aplicados al concepto de salud se encuentran:

   a. Evitar la *patologización* y medicalización en la práctica clínica.
   b. Tratar a la mujer de forma independiente en la sanidad.
   c. Estudiar los aspectos sociales que enmarcan la conciliación.
   d. Marcar las diferencias clínicas que rigen la salud en mujeres españolas.

2. Relacione los determinantes biopsicosociales con su definición:

   a. Factores biológicos
   b. Factores sociales
   c. Factores psicosociales
   d. Factores subjetivos

   **c.** Suponen modos de vida diferentes
   **a.** Biología diferencial
   **b.** Se relacionan con las formas de enfermar
   **d.** Representan las vivencias personales

3. Las Naciones Unidas definen la salud sexual y reproductiva como:

   a. Estado general de bienestar físico y no de mera ausencia de enfermedad o dolencia. Entraña además la capacidad de disfrutar de una vida sexual, con la peculiaridad de impedir los abortos como principio de vida.
   b. Estado general de bienestar social y sexual de una persona, incluyendo todo lo que pueda estar relacionado con la libertad sexual.
   c. Estado de mera ausencia de enfermedad o dolencia, comprendiendo de forma específica la capacidad de disfrutar de una vida sexual satisfactoria y sin riesgos, y de procrear, y la libertad para decidir hacerlo o no hacerlo, cuándo y con qué frecuencia.
   d. **Estado general de bienestar físico, mental y social y no de mera ausencia de enfermedad o dolencia. Entraña además la capacidad de disfrutar de una vida sexual satisfactoria y sin riesgos, y de procrear, y la libertad para decidir hacerlo o no hacerlo, cuándo y con qué frecuencia.**

4. **Relacione los siguientes términos:**

   a. Organización internacional del trabajo
   b. Convención sobre eliminación de formas de discriminación en la mujer
   c. Conferencia Internacional sobre población y desarrollo
   d. Conferencia de Beijing

   **b.** Planificación familiar
   **d.** Plataforma de Acción en favor de la salud sexual y reproductiva
   **a.** Protección de la maternidad
   **c.** Introduce el concepto de salud sexual y reproductiva

5. **Entre los componentes de salud sexual y reproductiva para la mujer como medios para potenciar su salud general se encuentran:**

   a. **Sensibilización e información en caso de las infecciones de transmisión sexual, servicios de aborto permitido legalmente y mecanismos de prevención y tratamiento apropiado de la infertilidad que permitan a todas las personas aumentar sus posibilidades de ser padres.**
   b. Sensibilización e información en caso de las enfermedades médicas más probables, servicios de aborto tanto permitido como no permitido legalmente y mecanismos de prevención y tratamiento apropiado de la infertilidad que permitan a todas las personas aumentar sus posibilidades de ser padres.
   c. Curación de las infecciones de transmisión sexual, servicios de aborto permitido legalmente y mecanismos de prevención y tratamiento apropiado de la infertilidad que permitan únicamente a las mujeres aumentar sus posibilidades de ser madres.
   d. Potenciar el aborto entre las jóvenes que no desean tener hijos y mecanismos de prevención y tratamiento apropiado de la infertilidad que permitan a todas las personas aumentar sus posibilidades de ser padres.

6. **Determine si la siguiente oración es verdadera o falsa:**

   a. La Organización Mundial de la Salud publica un informe denominado "Las mujeres y la salud, los datos de hoy y la agenda de mañana" en la que recoge las diferencias de roles de género en salud. Este informe es un compendio bastante concluyente a pesar de estar desfasado ya que se elaboró en el año 1980.

   ☐ Verdadero
   ☑ **Falso**

7. El concepto "normas de género" desemboca en consecuencias de salud para la mujer y es definido como:

   a. Las normas de género hacen referencia a las creencias y costumbres que se originan y transmiten en una sociedad y que definen lo que es socialmente aceptable.
   b. Las normas de género hacen mención a las diferencias de género, suponen los obstáculos en el acceso a los servicios sanitarios que las mujeres pueden recibir en un estado.
   c. Las normas de género son las normas que a nivel mundial se marcan por la Organización Mundial de la Salud en cuanto a aspectos claves de género.
   d. Las opciones a y b son correctas.

8. Relacione cada modelo con una característica.

   a. Modelo tradicional
   b. Modelo en transición
   c. Modelo contemporáneo
   d. Modelo igualitario

   **b.** Evoluciona por el acceso laboral y educativo
   **a.** Basado en la división social del trabajo
   **d.** Relaciones de colaboración entre los sexos
   **c.** Basado en el consumo de bienes materiales

9. Las enfermedades que son padecidas únicamente por uno de los sexos, debido a sus características biológicas se denominan:

   a. Enfermedades exclusivas para cada sexo.
   b. Enfermedades mixtas.
   c. Enfermedades de ambos sexos.
   d. Enfermedades masculinas o femeninas.

10. Desde la entrada en vigor de la Ley Orgánica 1/2004, ¿qué se ha ido integrando en las políticas municipales sobre seguridad urbana y social?

    a. **La perspectiva de género.**

    b. El plan de igualdad de la entidad local.

    c. **La prevención de la violencia contra las mujeres.**

    d. La figura del delegado de seguridad en igualdad.

# Análisis y detección de la violencia de género y los procesos de atención a mujeres en situaciones de violencia

Solucionario Capítulo 1

1. **Señale si la siguiente afirmación es verdadera o falsa.**

   La violencia de género solo se da en familias con bajos recursos económicos.

   ☐ Verdadero
   ☒ **Falso**

2. **Relacione las siguientes estrategias defensivas empleadas por los maltratadores con su ejemplo.**

   a. Deshumanización
   b. Coartada
   c. Culpabilizar
   d. Justificar

   **c.** Ella me está provocando todo el tiempo, se lo ha buscado
   **d.** Puedo pegarle porque es mi mujer
   **b.** Estuve en casa de unos amigos toda la tarde
   **a.** Es una perra y se merece que la trate como tal

3. **Complete la siguiente frase.**

   Entre otros aspectos, el **ciclo de la violencia** ayuda a explicar porque las víctimas de violencia de género continúan su relación con el agresor. Y suele ser tras la fase **de explosión violenta (fase 2)** cuando se deciden a buscar ayuda y/o a denunciar.

4. **¿Cuáles son las líneas de actuación en las que se desarrolla el Plan Camino?**

   Las líneas de actuación del Plan Camino son cinco:

   1. Investigación y recogida de datos.
   2. Prevención y desincentivo de la demanda.
   3. Información, detección multiagencia y acreditación de las víctimas.
   4. Atención integral sanitaria y social especializada, autonomía económica y apoyo habitacional.
   5. Identificación formal y regularidad documental.

5. **¿Quién puede solicitar una orden de protección?**

La solicitud de la orden de protección puede efectuarla la propia víctima, sus familiares más cercanos, su abogado o el Ministerio Fiscal. Sin perjuicio del deber de denuncia, los Servicios Sociales que conozcan su situación, deberán ponerlos en conocimiento del órgano judicial o del Ministerio Fiscal para que se pueda instar el procedimiento para la adopción de la orden de protección.

6. **Tras un episodio de agresión, el hombre se vuelve más cariñoso, le compra flores e incluso se ofrece a ayudar a la mujer con las tareas de la casa. ¿En qué fase del ciclo de la violencia se encuentra?**

En la fase de arrepentimiento o luna de miel.

7. **El Servicio ATENPRO...**

   a.  ... es un servicio general de información.
   b.  **... es una modalidad de Servicio Telefónico de Atención y Protección para víctimas de la violencia de género.**
   c.  ... es un programa de ayuda a la inserción laboral fomentando la búsqueda proactiva de empleo.
   d.  ... es un servicio de ayuda a domicilio para las personas dependientes.

8. **La ley vigente a nivel estatal en España, sobre violencia de género, es:**

   a.  **La Ley Orgánica 1/2004, de 28 de diciembre, de Medidas de Protección Integral contra la Violencia de Género.**
   b.  La Ley Orgánica 1/2006, de 4 de Octubre, de Medidas de Protección Integral contra la Violencia de Género.
   c.  La Ley 13/2007, de 26 de noviembre, de Medidas de Prevención y Protección Integral contra la Violencia de Género.
   d.  La Ley 2/2011, de 11 de marzo, para la Igualdad de Mujeres y Hombres y la erradicación de la violencia de género.

9. **De los siguientes grupos de mujeres, ¿cuáles son considerados especialmente vulnerables?**

    a. Mujeres embarazadas.
    b. Mujeres extranjeras.
    c. Mujeres que residen en localidades pequeñas.
    **d. Todas las opciones son correctas.**

10. **¿Qué es una orden de alejamiento?**

La orden alejamiento es una medida penal adoptada de forma cautelar que obliga al agresor a adoptar un distanciamiento con respecto a la víctima para asegurarle su integridad física y moral.

Solucionario Capítulo 2

1. **Los profesionales de cualquier servicio que atienda a las víctimas tendrán en consideración en primer término...**

    a. **... las demandas de la usuaria.**
    b. ... las necesidades que estimen oportunas.
    c. ... la obligación a denunciar porque es lo mejor para ella.
    d. Todas las opciones son incorrectas.

2. **¿En qué consiste la escucha activa?**

    Es una habilidad social importante en la comunicación que se realiza durante una entrevista y con su empleo se consigue generar en la otra persona la sensación de que se siente escuchada y comprendida, y además siente que se desea escucharla.

3. **Señale si la siguiente afirmación es verdadera o falsa.**

    Una usuaria con discapacidad auditiva tiene derecho a ser atendida por una intérprete en lengua de signos para facilitar el acceso a la información.

    ☑ **Verdadero**
    ☐ Falso

4. **Tienen derecho a la Asistencia Jurídica Gratuita:**

    a. Las víctimas que se encuentren en situación de desempleo.
    b. Solo los hijos de las mujeres víctimas.
    c. Las mujeres víctimas que realicen un depósito inicial de 20 €.
    d. **Las mujeres víctimas desde el primer instante que la soliciten quedando exento del pago de tasas.**

5. **¿Qué es el llamado Parte de Lesiones?**

    Es el informe facultativo específico (Parte de Lesiones) resultante de la valoración médica de los Servicios Sanitarios.

**6. ¿En qué consiste el derecho a la asistencia social integral?**

Las víctimas podrán recibir atención especializada en las áreas social, psicológica, jurídica, educativa y laboral a través de servicios especializados con la finalidad de recuperar un modo de vida autónomo y sin violencia.

**7. La violencia de género ocasiona en las víctimas consecuencias...**

     a. ... físicas.
     b. ... psicológicas.
     c. ... sociales.
     **d. Todas las opciones son correctas.**

**8. Complete la siguiente oración:**

La victimización primaria es el proceso por el cual una persona sufre **las consecuencias** provocadas por **las situaciones de violencia** a la que ha sido sometida.

**9. Para un adecuado manejo de un posible conflicto, se deberá...**

     a. ... utilizar las propias ideas y creencias para interpretar lo que le ocurre a la otra persona.
     b. ... cuestionar la veracidad de lo que está contando.
     c. ... quitar importancia a lo que la otra persona está diciendo o sintiendo.
     **d. Todas las opciones son incorrectas.**

**10. ¿Cuándo es necesario realizar una derivación?**

La derivación es necesario realizarla cuando las características de la víctima, o algunas de sus demandas o de sus necesidades no pueden ser resueltas por el servicio que le está atendiendo en esos momentos.

Solucionario Capítulo 3

1. **¿En qué consiste el proceso de prevención de la violencia de género?**

   Son estrategias dirigidas a actuar sobre los efectos y las causas de la violencia de género para evitar que ocurra. Por tanto, la prevención es la principal herramienta para conseguir que las conductas violentas y discriminatorias basadas en el género no ocurran.

2. **Según el Plan Nacional de Sensibilización y Prevención de la Violencia de Género, ¿cómo ha de realizarse la sensibilización?**

   El Plan Nacional de Sensibilización y Prevención de la Violencia de Género indica que la sensibilización ha de realizarse: dotando a la sociedad de los instrumentos cognitivos necesarios para que sepa reconocer cuándo se inicia o se está ante un proceso de violencia y qué papel asumen las mujeres y los hombres como víctimas y agresores. Es preciso aumentar el grado de implicación de la sociedad, que ha mantenido las relaciones de pareja dentro de los estrechos límites de la privacidad, donde cualquier intervención era considerada en términos de injerencia. La condición ciudadana implica extender los derechos de los que se disfruta al resto de los ciudadanos y ciudadanas, igual que cualquier vulneración de los mismos debe contar con la rotundidad con la que se rechaza todo tipo de violencia. En este sentido, la violencia de género, para que se comprenda en todas sus dimensiones, requiere conocerse en profundidad.

3. **Señale si la siguiente afirmación es verdadera o falsa.**

   Los procesos de sensibilización y prevención, son actuaciones de intervención social diferentes pero complementarias.

   ☑ **Verdadero**
   ☐ Falso

4. **¿A través de qué espacio de formación del Instituto de las Mujeres se pueden realizar cursos online en materia de igualdad?**

   a. **Escuela Virtual de Igualdad (EVI).**
   b. Observatorio de las Mujeres.

c. Programa EDUCA.

d. IMIO Formación.

## 5. El Instituto de las Mujeres es:

a. Una asociación de mujeres de carácter privado.

b. Una fundación social centrada en la inserción sociolaboral de las mujeres.

**c. Un organismo autónomo dependiente del Ministerio de Igualdad.**

d. Un organismo privado e independiente que lucha contra la violencia de género.

## 6. Señale si la siguiente afirmación es verdadera o falsa.

Todas las pruebas de acceso al empleo público de la Administración General del Estado y de los organismos públicos vinculados o dependientes de ella no deben contemplar obligatoriamente el estudio y la aplicación del principio de igualdad entre mujeres y hombres en los diversos ámbitos de la función pública (art. 61 de la ley Orgánica 3/2007, de 22 de marzo, para la Igualdad Efectiva de Mujeres y Hombres).

☐ Verdadero

☑ **Falso**

## 7. En los procedimientos de sensibilización sobre la violencia de género, ¿cuál de los siguientes está más orientado a los jóvenes y adolescentes?

a. Campañas de sensibilización donde se dan a conocer el ciclo de la violencia.

**b. Programas educativos y de formación en los centros educativos.**

c. Talleres formativos sobre las actuaciones de la comunidad educativa ante la violencia de género.

d. Actividades de animación sociocultural para fomentar la igualdad en el ámbito del ocio.

## 8. Complete la siguiente oración.

La Estrategia Estatal contra las Violencias Machistas 2022-2025 se elabora en coordinación con las distintas **administraciones públicas** y la ciudadanía. A través de esta estrategia se definen las actuaciones de las políticas públicas dirigidas a **prevenir** y **combatir** todas las formas de violencia contra las mujeres.

9. Cualquier asociación cuando se plantea como objetivo la lucha contra la violencia de género, debe realizar en primer lugar:

    a. Una valoración de los recursos existentes en el entorno donde va a intervenir, con la finalidad de colaborar sin solapar y replicar recursos.

    b. Informarse sobre las subvenciones y ayudas existentes y así configurar sus líneas de actuación.

    c. Crear un protocolo de actuación y coordinación.

    d. Todas las opciones son incorrectas.

10. ¿En qué consiste el Plan de Intervención Familiar?

El Plan de Intervención Familiar consiste en desarrollar las actuaciones necesarias dirigidas a los menores de forma directa y a la relación materno-filial. Este plan de intervención abordará los aspectos psicológicos, sociales y educativos para la recuperación de las consecuencias derivadas de las situaciones de violencia vividas en las mujeres víctimas y sus hijos o hijas.